經濟午餐

湯文亮　何民傑

合著

U0130388

目錄

第二章　　二｜人｜對｜談

推薦序

《經濟午餐》——千金難求的知識盛宴！

《史記》的〈貨殖列傳〉明言：「天下熙熙，皆為利來；天下攘攘，皆為利往。」說明了人類的行為，大都可以用「逐利」作解釋，而經濟大師佛利民（Milton Friedman）則說：「世上沒有免費的午餐」（There ain't no such thing as a free lunch）！

友人紀惠集團行政總裁湯文亮博士，協助家族由數百萬元起家，一直打拼至家族擁有數百億元的物業組合，成為《福布斯》香港富豪之列，可說在商海身經百戰，兼之博覽群書且著作等身，筆者與其交往獲益良多，而湯氏早前與筆者另一朋友何民傑合作主持新城電台節目《經濟午餐》，廣邀不同經濟學者、商界翹楚作嘉賓，以深入淺出方式，講解各種經濟學理論如何應用於日常生活，同時剖析全球最新經濟熱話，相信廣大聽眾從中學到不少知識，原來世上實際有「免費的經濟午餐」！

要知道，電台節目播放有特定時刻，就算是捧場客也可能會錯過，現在湯文亮與何民傑將《經濟午餐》的精彩節目內容輯錄成書，如是聽過的聽眾可以重溫，錯過了的則能以文字欣賞和學習有關內容，筆者可以斷言，此書讀者雖或要自費購書，但可以慢慢咀嚼體會，如品嘗千金難求的知識盛宴！

《明報》投資及地產資深主編
陸振球

三 需 冰 彈 性 通 真 膨 服
條 失 業 率 消 脹 加 息
富 樓 費 印 龍
殊 市 物 花 加
龍 辣 招 價 GDP 印 花
斷 通 指 物
求 彈 性 化 數 消 費 率
形 之 手 貝 失 業
貿 失 業 率

第一章　嘉｜賓｜訪｜談

01　「谷」市民打針要靠後果懲罰？

——中原地產創辦人施永青

為有效控制新冠肺炎疫情，政府推出全民接種疫苗計劃，但接種率一直不太理想。中原地產創辦人施永青、紀惠集團行政總裁湯文亮及 107 動力召集人何民傑一起分享提高疫苗接種率的方法，當中施永青認為最有效的不是大抽獎，而是後果懲罰。此外，施永青亦提醒有意移民的人士，不應隨便賣出香港的住宅物業。

施	湯	何
中原地產 創辦人	紀惠集團 行政總裁	107 動力 召集人
施永青	湯文亮	何民傑

湯：為提高疫苗接種率，Raymond（何民傑）2021 年一月已提出
　　辦疫苗大抽獎吸引市民打針。

施：最有效的應是後果懲罰。

何：代價可能由集體承擔。

施：外國部分地區疫情嚴重，連年輕人染疫都出現嚴重病徵，所以
　　個個爭住去接種，還埋怨政府未能提供足夠疫苗。香港疫情相
　　對輕微，接種率亦不太理想。

何：近日有發展商以送樓吸引市民接種疫苗，這工作是否應交由政
　　府去做呢？

施：政府經常被人批評「谷針」，其實政府做任何工作都很容易招致批評，由商界主導去做，批評聲音自然較少。事實上，雖然抽中樓的機會很微，但登記接種的數目大幅上升。

何：過往每日登記打針人數只有兩萬多，現在已增加至四萬多。

施：不少人指抽獎無效，但實際上對某些人的確有一定作用。

倡引入懲罰機制

湯：我都覺得抽獎有效，但同時應引入懲罰機制。假若第五波一旦出現，沒有注射疫苗的人士不能在某時段進入食肆用膳。在美國部分地方，已接種兩劑疫苗的市民在戶外地方不用戴上口罩。我有時戴着口罩跑步，真是很辛苦，除下口罩只是五分鐘，街上已有人提醒要戴回口罩。

施：老人家普遍有慢性病，外國政府會優先替他們接種。老人家一旦感染，對醫院的壓力相對大。

何：施生認為還可以用什麼招數吸引市民接種疫苗？

施：疫情嚴重的確需要全民接種，事實上香港周邊不少地區的疫情仍然嚴峻，但我們無法完全停止與外國往來，病毒隨時又會傳入香港，難以和其他國家搞旅遊氣泡。疫情一嚴重，又要封關和強制檢測，損害整個經濟。對社會影響大，自然會有輿論壓力。這唯有用實際環境教育市民，但代價相當大。美國有一段時間不要求民眾戴口罩，又毋須保持社交距離，結果每日有數以萬計民眾染疫，最後要採取更嚴謹的防疫措施。根據科學的判斷，應一早自律去做，但部分人不明白，拒絕跟隨，唯有接受後果懲罰。

籲移民前勿賣樓

何：談談另一題目，施生連日來多次在專欄提及，港人移民不要將香港物業賣出，是什麼原因呢？

施：我只是將八十年代的移民潮經驗告訴大家。

湯：那你做少了很多生意。

施：當然做少了生意，目前是渴盤，不是渴客嘛。移民的人士是實盤實客，但我只是為他們着想。有部分國家是全球徵稅，若移民後先賣樓，便要交很高的稅率，所以不少人賣樓後才移民。問題是節省的稅項，未必能補回樓價的升幅。八十年代不少人移民到外地，之後希望回流香港，發現原本住半山，及後只能選擇住太古城；過往住太古城，只能選擇住荃灣中心。我還呼籲移民到外地的人士不要心急在當地買樓，初來報到人生路不熟，買錯樓的機會好高啊。

何：再談另一議題，施生早前倡議生育兩個孩子後，才有權使用避孕產品，引起社會熱議。

施：我提出這建議時，預計有不少人會表示不滿，所以我沒有提出即時實施，事實上目前不願生育的情況相當普遍，而且政府推出任何措施也無法改變，人口不斷萎縮，這將會是一個嚴重問題。美國都發現，白人的出生率低於拉丁美族裔及黑人，白人的美國會變成有色人種的美國，那美國白人是否願意呢？禁用避孕套只是其中一個方法。

何：有網民笑施生不知道現在的避孕方法千花百樣。

施：生育是人類祖先給予的本能，非做不可。性意志是難以控制，但被避孕的方法破壞了，所以對症下藥。我並不是首個提出這建議的人，很多宗教的教義都有提及。

何：如何看國家推出三孩政策？

施：短期是有幫助，目前國內還未出現人口萎縮，但人口增長是減慢。

湯：除避孕之外都要有外來刺激，伊斯蘭教便容許有四個妻子。

施：所以全球人口未出現下降，但個別民族卻要為自己人口萎縮而感到擔憂，到某個程度，會否出現極端的手段，這很難説。但提高生育率的確要放在很重要的日程。

02 豪宅市道熾熱之謎
——長實集團執行董事趙國雄

長實集團旗下半山波老道豪宅項目 21 Borrett Road 於 2021 年二月中旬售出第一個單位，並同時締造「亞洲樓王」的銷售紀錄。長實集團執行董事趙國雄在節目上與紀惠集團行政總裁湯文亮及 107 動力召集人何民傑，分享在疫情下，豪宅市道仍然熾熱的原因，三人亦大談如何快速增加住宅土地供應的妙法。

趙	湯	何
長實集團	紀惠集團	107 動力
執行董事	行政總裁	召集人
趙國雄	湯文亮	何民傑

湯：今日我們請了有「樓神」之稱的趙國雄先生做嘉賓。

何：雖然疫情還未減退，但近日豪宅市場交投仍然相當活躍。

趙：整個房地產市場仍然很熾熱，不論上車盤、一般住宅，以至豪宅。正如湯文亮博士於 2020 年底所說，樓市開始復蘇，買家入市意欲相當強，下決定的時間亦非常快。

湯：剛收到消息，你們做了一個成交，創下亞洲分層戶的尺價紀錄新高。

趙：這是半山波老道的一個樓盤，於 2021 年一月中起開放給有興趣的買家睇樓，商談一段時間後，二月初賣出單位，以分層單

位來説，成交尺價是亞洲區最高，高達逾十三萬元一尺。

湯：我年初時説豪宅樓價會上升，是因為不少內地朋友計劃來港定居，但當時沒有太多人相信。

豪宅買家不少為新香港人

趙：由於還未通關，目前內地客買家不是佔太多，由二月初起的三個月，共售出八個單位，套現逾二十一億五千萬元，即平均二億七千萬一個單位，價錢非常理想。買家基本上是香港人，部分是早幾年由內地移居香港，持香港身分證，亦即是新香港人。

湯：我自己有不少物業用作收租，也包括豪宅，但我們的豪宅沒有一間是空置的，證明豪宅市道相當不錯。

趙：香港是一處福地，一直有人走，有人來，香港會繼續興旺。坊間有説香港出現移民潮，房地產應作出調整，但我們的數據顯示，部分人移民是為了小朋友升學，未見他們很積極賣樓，大規模放盤的亦不多見。我身邊有兩、三個朋友計劃移民，但他們沒有計劃賣樓。

何：住宅樓價未見大跌，反而豪宅交投創新高。半山波老道出現亞洲樓王，這是否突顯香港優勢。

趙：香港始終是國際金融中心，波老道樓盤的賣點是位處半山，整個中環美景可一覽無遺，這是一個獨特地點的優勢，不少看過示範單位的人都非常欣賞。

富「雙」之家成趨勢

何：現時部分樓盤出現富「雙」之家，即買家一併購入相鄰單位，將其中一個打造成純家居作息及安寢之所，而另一邊則設計成買家的遊玩和宴客區。這是什麼原因？

趙：國內朋友習慣生活空間較大，他們喜歡宴請朋友回家用膳。香港傳統二、三千尺已算是大單位，但他們認為並不足夠，我們接觸的買家，有意一併購入相鄰單位，一個單位作自住，毗鄰的單位則用作招呼朋友，他們亦不希望接待朋友時，影響到家人的日常生活，特別是有小朋友的家庭，他們不希望小朋友做功課時會因朋友唱粵劇而受到滋擾。對國內的富豪來說，理想的住宅面積是要四、五千尺，他們認為這樣的生活空間會較為適合。

何：我們討論另一個話題，香港有逾四成的土地被規劃作郊野公園，前特首梁振英近日提出，能否在大欖郊野公園劃出部分土地作建樓之用呢？郊野公園是否神聖不可侵犯？

趙：郊野公園的出現主要有兩大因素，首先是昔日新界基建不發達，不少新界偏遠土地難以發展是因為沒有道路接駁。但回歸之後，政府在道路基建上投資不少，所以新界不少土地現在都可以發展，整體規劃上是否可以考慮一下郊野公園？第二，不少郊野公園位處集水區，保護香港水資源，但現時有東江水供港，是否仍需要保留這麼多集水區？社會可開誠布公談談如何處理，在我個人立場，其實郊野公園的面積不用這麼多，香港人居住的地方已不夠，地方小，價格貴，影響廣大市民。所以是否需要釋放部分郊野公園土地用作建樓，社會可以理性討論。

湯：政府確實不要死牛一面頸，郊野公園永遠不能碰，事實上現時集水區的作用已大不如前，中短期土地供應方案可考慮郊野公園，長遠則要靠「明日大嶼」。

趙：現時世界各地都在填海，新加坡至今仍不停填海造地。香港面對土地資源不足，如何釋放土地資源，這是共同面對的問題。我覺得應該盡早拿出來交予社會討論，這可能會影響一部分人利益，但決策永遠是以香港整體利益先行。

湯：郊野公園面積一直不斷擴大，增加面積之際，應同時釋放相若的土地面積作其他發展。

趙：政府一定要有魄力拿出來深入研究及供社會討論，探討是否可以落實。任何事情都有爭議，爭議是沒有問題，大前提是能解決香港問題，為香港發展提供足夠的土地資源。

何：坊間有建議，政府可以放寬地積比，即時可以增加住宅供應。

趙：收購舊樓需要一段時間，這個是其中一個方法，但並不是最快，收舊樓絕對不容易。「明日大嶼」填海，或可能快過收舊樓，收舊樓完全掌握不到。相對容易可能是用途規劃的改變，例如近年工廈需求下降，可考慮將部分位於市區的工廈改作住宅。另外亦可考慮釋放部分郊野公園邊陲土地作建屋之用。

湯：有說收舊樓等同鬥長命，確是需要很長時間。

移民潮未見影響樓市

何：近期的移民潮對樓市有什麼影響？

趙：移民潮未見對樓市有太大影響，近期未見有特別多的二手樓盤供應，一手樓的銷情仍是相當暢旺。移民事件對香港樓市未見有太大影響。

何：中國出生率低，長遠的勞動力減少，中國都要研究移民政策，容許外國人移居內地。目前，其實有一個後門，在香港住滿七年拿取香港身分證，就等於可在內地全國通行。世界各地的人都願意以香港作為進入中國的踏腳石。

趙：香港是一個開放型的城市，有人選擇移居外地，亦有人會喜歡香港，選擇在香港定居，並且放棄原本的國籍。但目前看不到這是一個潮流。現在有部分人選擇移居海外，相反可為年輕人提供不少向上流的機會。

旅遊業如何走出困境？

——東瀛遊執行董事禤國全

主管港澳事務的國務院副總理韓正日前在北京與港區人大代表會面，關注香港住屋問題，指要解決難度很大，但總要有開始的時候。紀惠集團行政總裁湯文亮與 107 動力召集人何民傑在節目中亦同意住屋問題急需解決，政府應從土地供應着手，預視新界大量農地未來或改作住宅用地。另外，主持邀請到東瀛遊執行董事禤國全作嘉賓，親述旅遊業在疫情下的苦困，並提出幫助業界走出困境的建議。

禤	湯	何
東瀛遊 執行董事	紀惠集團 行政總裁	107 動力 召集人
禤國全	湯文亮	何民傑

何：首先講一下北京直接關注香港樓市的情況。

湯：由「明日大嶼」開始，北京已經關注本港樓市，填海屬於中央政策，是主權問題，並非香港想填便可以填。2018 年十一月特首林鄭月娥由北京返港，政策開綠燈，但由於之後社會事件及疫情問題，進展確是比較緩慢。

何：主管香港事務的國務院副總理韓正於北京會見全國政協及港區人大代表，與會人士指，韓正關注本港的樓房問題，提出要根本解決住屋的大問題，要凝聚共識，在頂層設計着手。這背後究竟有什麼意思呢？

湯：頂層設計，我相信是指在樓宇供應方面着手，從增加土地供應解決問題。除了商業用地、工業用地可改劃為住宅用地，還可以着眼農業用地。目前不少農地落在地產商手中，要補地價才能發展作住宅用地。

何：發展局早前提出一站式補地價的構思？

湯：補地價永遠一在平地，一在天。地產商手握不少農地，不急於發展，希望將補地價金額盡量降低，政府有測量師替他們計算，自然希望收回合理價格，最後當然談不攏，受害的是香港人，人均居住面積細。第二受害的是政府官員，房屋供應不足，市民自然遷怒於政府。韓正關心，頂層能話事的人，要稍為鬆綁，讓一些農地釋放出來。

何：跟着邀請了東瀛遊執行董事禤國全加入討論，東瀛遊是旅遊業界的龍頭，在疫情之下有什麼特別準備？

禤：疫情持續了一段長時間，我們由 2020 年二月開始，足足停了十三個月，在這十三個月期間，做旅行社的只有支出，完全沒有收入。過去一段時間，部分店舖要暫時關門，減少人手支出。當然不能一刀切將同事裁走，要好小心處理。當疫情過後，這行業復蘇，我們亦希望重新聘用舊有同事，繼續為香港市民服務。未來要視乎疫苗效用，可惜近日收到消息，市民對疫苗有點卻步，我在三月六日已接種了，希望大家盡快去接種，不要只是死守，亦要嘗試進攻。

何：疫苗接種之後能否通關，在世界暫時沒有共識。

禤：根據目前情況，我估計能在未來半年前往歐洲、美洲旅行的機會不大。相反國家已做了一些調節，希望可以在通關之後，第

一時間可到澳門、國內旅遊。旅遊不單是出口，入口也非常重要。過往每年有六、七千萬旅客來港，當中七成來自國內，若能成功通關，不但出口旅遊可以有工作機會，最重要可以令香港經濟復甦，多些遊客來港，對本港零售業、餐飲業相信會有V型反彈。

通關後料旅遊業如「開河的魚」

湯：我形容這現象為「開河的魚」，北方哈爾濱冰封完結之後便開河，之後便拉網捕魚，足有兩公里之長，當時魚獲驚人。預計開關之後，國內人會蜂擁來港消費。我覺得樓市的購買力度有如「開河的魚」，我認為有能力的應考慮上車置業，一旦國內人來港搶購樓宇，屆時後悔亦沒有用。禤生，你認為香港政府應怎樣協助旅遊業復甦？

禤：政府在過去一年，曾三次為業界提供資金援助，延續我們生命，在員工的薪酬上幫了不少忙，讓我們度過一段時間。部分自由人，每月都獲發五千元資助，歷時約九個月，政府的確提供了不少幫助。但始終長貧難顧，不可能長時間依靠政府幫助。我覺得最重要是開關的時間如何處理。開關首先是有條件的，我不覺得要清零後才通關。若要清零才開關，可能開了三日，出現確診個案，又要再停。若和歐美等國家比較，我們的數字一點也不高。那未開關之前，我們可以做什麼呢？可以發展本地遊，還有一個很重要的，是郵輪旅遊。香港有一個這麼美麗的郵輪碼頭，以及兩間具相當規模的郵輪公司以香港作母港。他們亦承諾，船隻可容納四千人，只收一半客，這個好處是不用和其他國家商討，郵輪是一個平台提供食、住、玩，出發前大家已做檢測。這個若能夠啟動，將提高市民旅遊的情緒。

何：要政府批准？

禤：希望能落實到。湯博士，如果通關之後，你最希望去哪裏？

湯：去武漢，食熱乾麵，是鹼水麵的一種，加麻油及醬油便可以食用，為何會這樣流行，是因為習主席吃過。習主席曾説過下站去武漢吃熱乾麵，這便火紅起來。

禤：我們在澳門有分公司，三月已有團出發去華東，四月亦有團去湖南長沙。

何：外出旅遊的澳門居民有什麼要求？

禤：不用任何要求，因為已清零了一段時間，到內地不用再隔離。客人都好期待，剛出團時當然是賣大包。

湯：我都是澳門人，澳門人比香港人能幹的一件事，便是旅遊。澳門人天生已懂得做旅遊。

禤：澳門是一個旅遊城市，故他們特別小心，因當地經濟靠旅遊支撐。香港旅遊佔香港整體生產總值約百分之五。雖然只是百分之五，但若日後能正式通關，不單是香港人可到國內玩，國內同胞也可以來香港，對相關行業都有幫助。

何：還有什麼措施政府可以準備？

禤：明白安全重要，目前好像一個球賽，後防做防守，中場又防守，連前鋒都防守，最多只能和，難以取勝。我們不是見到什麼問題便封，而是有膽量挑戰問題。目前旅遊業有一個大聯盟，希望政府能主動與業界接觸，了解我們有什麼需要。

何：又怎樣評估香港本地旅遊的吸引力？

禇：疫情之下，不少市民都喜歡行山，其實在香港行山這個活動是世界知名的，日本人不時組團來港行山。香港的旅遊建設非常出色，機場第三條跑道正在興建，落成後運載能力將會大增、還有郵輪碼頭、港珠澳大橋和高鐵等，疫情一過去，旅遊業復蘇，配套已經齊全。通關後，政府可以提供一些免費機票，以抽獎形式送予外國旅客。其他東南亞國家，以至日本、韓國都希望搶遊客。有什麼誘因令外國遊客來香港，最簡單是給他們一張免費機票。

何：遊客來香港可以帶旺各行各業。

禇：香港人出不到去，外面的人入不到來，我覺得為人為己，要接種疫苗。

04　餐飲業在疫境生存之道
——太興集團主席陳永安

在新冠肺炎疫情下，飲食業經營困難，然而本港餐飲業龍頭之一，太興集團卻能在疫市下擴充。紀惠集團行政總裁湯文亮與 107 動力召集人何民傑邀請太興集團主席陳永安作嘉賓，分享餐飲業在疫情下生存之道。主持同嘉賓亦大談十多年前的食肆禁煙政策，如何令茶餐廳生意不跌反升。

陳	湯	何
太興集團 主席	紀惠集團 行政總裁	107 動力 召集人
陳永安	湯文亮	何民傑

何：今日好高興邀請到太興集團主席陳永安作為嘉賓。特首林鄭月娥最近提出疫苗氣泡概念，即大家注射了疫苗後，部分限聚措施能略為放鬆。針對飲食業都有一系列措施，業界怎樣評估？

陳：這絕對是一件好事，不過正式實施時可能有一定難度，在情在理，食肆僱主會呼籲員工盡快注射疫苗，但我們確實沒有權力要求客人接種。

何：政府亦有意規管食客必須使用「安心出行」進入食肆。

陳：「安心出行」是一個好的措施，但亦有一個問題，不少客人仍是要寫紙仔，客人要掃「安心出行」都可以，所以政府要再加大力度推廣這項措施。在員工的角度來看亦是好事，每個客人

自動掃「安心出行」，再加上注射疫苗，可放寬到六至八人一桌，並可營業至午夜十二時，都對飲食業界有得着，只是在執行細節上需要改善。

茶餐廳禁煙　生意不跌反升

湯：十多年前，政府提出食肆禁煙。在未禁煙之前，茶餐廳龍蛇混雜，甚少女士光顧。提出禁煙時，茶餐廳有很大的反對聲音，認為會影響生意，不過在禁煙之後，雖然江湖中人因未能吸煙而少來了，但同時增加了女性顧客。以前男女顧客的比例是九比一，現在已增加至六比四，估計多了三四成的生意額。我現在都不時光顧茶餐廳，整體環境及衛生都較以往改善。

陳：十多年前推行食肆禁煙，業界的確有點聲音，擔心影響生意。最重要和現在情況相比，政府要強硬點。政府當年嚴格要求全面禁煙，初時確實有點陣痛或不適應。但現在市民可以用「安心出行」，又可以填紙仔，政府若可以大膽點，不用拖泥帶水，這對業界及客人都有好處。

何：太興集團除了茶餐廳外，旗下亦有很多品牌，餐飲業趨向多元化和時髦化，在疫情下亦能擴充。

陳：太興在新冠肺炎疫情下亦有稍作擴充，多品牌亦是集團發展的模式，品牌多元化，增加不同菜種選擇，可增加市場競爭力，做什麼行業也好，都需要轉變適應市場。

何：疫情下多了市民利用手機應用程式點外賣，這部分佔公司的業務比率是否增加？

外賣一度佔營業額四成

陳：疫情最嚴竣的時候，外賣佔營業額近四成，現在放寬晚市堂食後外賣比例減少。疫情下多了市民自己煮飯，所以集團近期都開設了售賣凍肉等民生用品的店舖。網上有不少食譜，多了市民嘗試自己下廚，這亦是新常態。

湯：其實自己下廚和到茶餐廳用膳，價錢不是相差很遠。到有信譽的茶餐廳光顧，他們還會做品質審查，合格才給顧客享用。我覺得茶餐廳近年的成功，是歸功於十多年前的禁煙。國內不少食肆都標榜為港式茶餐廳。我有一次到瀋陽，晚上突然想起港式茶餐廳，在商場發現太興，確是厲害。現時國內不少地區例如長沙、武漢，光顧茶餐廳都要排隊。

陳：太興於 2004 年已進軍內地發展，在國內十多個城市設有分店，香港茶餐廳這個品牌代表信心，所以在內地有一定的競爭力。

何：太興在內地業務如何，是否在疫情後很快便復蘇？

料本港業務下半年能復蘇

陳：因為封城等措施，2020 年內地餐飲業務很差，跌到只剩下一成，踏入六七月後則慢慢復蘇。拉勻來看，2020 年內地餐飲業務都是慘淡。踏入 2021 年，隨着疫情緩和，內地生意情況大有改善。我有信心本港的餐飲業務亦可以在下半年復蘇。

湯：我都有信心，政府計劃稍後讓在內地的人士可透過「來港易」

毋須十四日強制檢疫來港，我不少朋友都有意來港。若要被困兩至三星期隔離，他們當然不願意來。我估計本港的飲食業暑假將很暢旺。

陳：「來港易」計劃確是好的開始，相信互認疫苗等措施落實後，通關限制進一步放寬，將有更多內地旅客訪港。

何：集團如何能控制品質，在任何分店都是同一水平？

陳：我做了三十二年餐飲業，我會將品質放在首位。如何維持品質，當然要有很多東西配合，避免廚師在賽馬日因心情不好影響食物質素，我們集團研發了不少設備及機械，例如燒叉燒機、沖奶茶機、自動炒鍋機等，可以降低倚賴廚師技術的程度，幫助穩定品質，亦避免廚師過於勞損。有了這些設備之後，廚師的健康情況確有改善。長時間做粗重動作，始終會出現勞損。

何：機械幫到一部分，食材的品質亦同樣重要，如何可以保持呢？

陳：這主要靠中央產製，公司的醬汁、醃料都由中央廚房調製，師傅只是做燒、炸或炒的動作，便能做到產品的穩定性。在內地、台灣和澳門，我們都是用設備協助。

何：食物的種類會否因此有所限制呢？

陳：當然，每一個品牌有自己的獨特性同定位，難免有一定的限制。

業主願減租共渡時艱

何：租金方面，在疫情期間有否調整呢？

陳：在疫情之下，不同業主均有作不同程度的減租，有多有少。大部分都是要商討，業主大都知道我們的生意額，生意跌幅大的分店，租金減幅度亦相對較大。這視乎不同業主安排，減租是幫助到我們在逆境生存的。

何：業主都不是鐵板一塊？死約期間都願意減租？

陳：大家都願意共渡時艱。在 2020 年，有近三、四個月時間沒有晚市，生意一直下跌，特別是油尖旺等旺區。業主亦願意視乎情況作相應的減幅。

05 香港「購物天堂」招牌何解褪色？

——百利建國際有限公司董事總經理陳正欣

中美角力影響全球經濟，紀惠集團行政總裁湯文亮與 107 動力召集人何民傑在節目中分析兩任美國總統特朗普及拜登對華政策的差異，湯文亮更分別形容兩人為「大哥」及「帶頭大哥」。另外，主持亦邀請了百利建國際有限公司董事總經理陳正欣，親述中港兩地的零售業務在疫情下的分別，並分析香港「購物天堂」這招牌為何日益褪色。

陳	湯	何
百利建國際有限公司 董事總經理	紀惠集團 行政總裁	107 動力 召集人
陳正欣	湯文亮	何民傑

何：湯博士近日寫了篇文章談及美國兩任總統。

湯：這兩任美國總統分別是特朗普及拜登，特朗普一做總統便退出亞洲，並退出多個國際性組織，開始和中國打貿易戰。特朗普就像一個喜歡單打獨鬥的大哥，不用隨從幫忙。可惜時不利兮，美國人認為他抗疫不力，在大選中落敗。我雖然不喜歡特朗普，但也崇拜他，因他確有大哥風範，任何事情都自己承擔，不用下屬擔心。輪到拜登上場，便立即重返亞洲，與歐盟冰釋前嫌，又利用新疆事件聯同歐盟二十七國、印度及日本等國家制裁中國。

何：與特朗普不同，拜登喜歡聯群結隊圍堵中國。

形容拜登為「帶頭大哥」

湯：我認為這做法是錯的，因為很多美國企業甚至議員都和中國有
　　生意往來，制裁可能會帶來麻煩。中國的反制裁措施應該會暫
　　告一段落。我會形容拜登為「帶頭大哥」，如果有看過金庸小
　　說《天龍八部》就會知曉，少林方丈聯同二十多人圍攻蕭峯父
　　親蕭遠山，最後死剩四人，方丈的實力可知一二。拜登就好像
　　方丈做「帶頭大哥」，所以他的隨從亦被制裁，例如澳洲，他
　　們的龍蝦和鮑魚不知要賣去哪裏。希望今次的制裁行動能告一
　　段落，再沒完沒了，確是影響很大。

何：中國的外交政策亦做了很多功課，不只是擺姿態，制裁的人選
　　亦經過計算。

湯：不過都辛苦，以寡敵眾。

何：之後我們邀請百利建國際董事總經理陳正欣博士加入討論，陳
　　博士可否介紹百利建的主要業務。

陳：百利建過去二、三十年都主要從事國際品牌的零售業務，分店
　　遍及香港和內地。故此，對零售業的趨勢比較易掌握，就像探
　　熱針，好快便能感受到經濟狀況及消費趨勢等。

湯：目前最大問題是封了關，我相信接種疫苗後，問題可以慢慢解
　　決。我從事地產，預料一通關，購買力將會湧現，我在 2021
　　年初已叫人可考慮買樓，樓價近期確是上升，通關後預料樓價
　　更不得了。零售業有否一套方案迎接通關？

料旅客不會爆炸式來港消費

陳：一定要雙向開關才有比較大的實際效用，只容許內地人便利來港，但回去時又要隔離十四日，好多繁瑣的手續，未必能吸引大量旅客來港消費。雙向開關這便趨向正常，不是所有香港人或內地人一下子都完成接種疫苗，我估計旅客不會爆炸式來港旅遊消費，而是旅客人數逐步逐步增加。

何：2020 年，本港零售業一片蕭條，街頭出現不少吉舖，內地零售業務又如何呢？

陳：回顧 2020 年的內地業務，疫情最緊張時期，即約一月底至三月底，生意可說接近零，但由四月開始，經濟活動快速恢復，到接近五月時不單回復正常，且高速增長。

內地零售業務受惠內循環

何：是否因為內地消費者不能出國掃貨，購買力便集中在自己居住的城市？

陳：雖然 2020 年有兩個月的業績接近零，但整年的生意額竟然比 2019 年高。

何：內地出現內循環。

陳：中央政府早前提出的內循環，確是行得通，令國內經濟起飛。

何：香港業務無可避免出現下跌，反而內地業務能守住。

湯：內地有成功例子，香港政府能否仿效？香港由檢測到注射疫苗都不夠強硬，通關日子一再延遲，導致失業率上升。香港政府的防疫工作是否要強硬一些？

陳：國內的市場雖然非常之好，但其實在過去半年，疫情在一兩個地區出現輕微爆發時，全國的生意都會出現下跌。疫情影響着整個零售經濟，香港政府一定要完全解決疫情，才能解決到問題。若疫情遲遲未能解決，即使開放所有關口歡迎旅客，旅客也未必敢來香港，他們始終有其他選擇。

何：以前選擇可能較少，但現在國內的一線城市，已經可以買到大部分貨物。

陳：目前最新、最頂尖的貨品，基本上在國內同步開售。

何：香港唯一的優勢是沒有銷售稅？

陳：不同貨物有不同的影響，部分影響較大，相關貨品在香港銷售曾特別暢旺，但國內一直在調低相關稅項。

何：香港「購物天堂」的招牌確是存在隱憂。

陳：我對「購物天堂」這招牌是有點保留，我過往曾和政府官員反映，我們以後未必再能拿「購物天堂」來使用。因為長時間的免稅、購物天堂，會和地產融合在一起，最終的零售價錢未必是最吸引。因為外國不少地方都設有退稅措施，這對不少消費者來說有一定吸引力。

湯：我就因為退稅而不購買，實在太麻煩。

陳：如果習慣旅遊及消費的人士，就不是問題。

何：香港失業率創新高，二十六萬人失業，就業不足人數也有十五萬人，不少市民正處於水深火熱之中。

湯：零售業的失業率也特別嚴重。

陳：數字是高，但有一定資歷的零售業從業員相對是穩定，仍有一份工作，但佣金、補時和其他獎勵等則沒有了。零售業一般的底薪不會太高，他們透過增加銷售量賺取佣金，在這方面就較受影響，他們的平均收入確是下跌了很多。疫情之下不少店舖的營業時間縮短了，令行業也要縮減了人手。

零售業汰弱留強

湯：見過不少店舖在傍晚六時許便關門。

陳：取消晚市堂食的日子，對零售業打擊亦很大。

湯：我亦曾詢問過做零售業的老闆，以往招聘較為鬆動，當中可能有一些冗員。面對今次疫情，要解僱不少人手，所以留下來的都是精英。疫情之後，租金及人手等成本已經減低，賺錢能力或會更高。

陳：目前消費者的數量相對是少了，特別是暫停通關之後，所以每位客人進入店內，成交率一定要高，否則很難生存。成功率高要依賴富經驗的銷售員，這行業確存在汰弱留強。

何：政府近年鼓勵商界網上營銷，這又有否作用？

陳：我們公司亦有做網上銷售，不過網上營銷在香港只可説是一個
　　趨勢，暫時未能成為大氣候。始終香港人喜歡逛街和到實體店
　　購物，實體店優勝很多。不過，我們認為網上銷售仍有前景，
　　但需要再多些時間。

06

疫情下的汽車銷售行業
——金國汽車（國際）有限公司副董事長戴康怡

受新冠肺炎疫情衝擊，本港各行各業均受重創，零售行業更是首當其衝，紀惠集團行政總裁湯文亮日及 107 動力召集人何民傑邀請到金國汽車（國際）有限公司副董事長戴康怡出席節目，親述疫情下汽車銷售行業的影響。戴康怡亦大談女性如何在這男性主導的行業立足。

戴	湯	何
金國汽車（國際）有限公司副董事長	紀惠集團行政總裁	107 動力召集人
戴康怡	湯文亮	何民傑

何：今日的嘉賓是金國汽車（國際）有限公司副董事長戴康怡 Connie，原來 Connie 以往是修讀藝術，對汽車這行業有什麼幫助？

戴：以前學到的知識可用於市場推廣，當然也可以為汽車的顏色設計等提供意見。

何：何時開始協助家人打理汽車業務？

戴：2006 年底到現在，差不多十五年了。

湯：我感覺汽車行業是男性主導，即使是銷售員，也很少見到女性，習慣這個工作環境嗎？

戴：公司也有女同事，只是比例相對少。的確，工作環境以男性比較多，一開始是有點不太習慣，但因為從小到大都對着汽車，很快便能夠適應。

何：疫情之下，對汽車業務有何影響？

疫情下經營更困難

戴：疫情前，汽車銷售情況確是不錯，但在疫情下，經營較過往困難，幸好金國已經有四十多年歷史，累積了一群熟客，繼續支持公司。

何：會否有新的買車生力軍？

戴：現在多了一班第二代的人士玩車，他們主要對 super car 或七人車有興趣。他們多是新婚或家中剛有小朋友。

湯：我從事地產生意，知道近年多了內地富豪來港買樓。內地富豪除了買樓之外，當然也會買車，最受歡迎的是只有兩個座位的雙門勞斯萊斯，自己駕駛不用司機，相信是他們在香港第二輛車。不少國內富豪指香港買車比較便宜。

戴：內地客人一直增加，因為近年多了中港過關通道，買車方便他們穿梭中港兩地。希望能盡快通關，生意便能夠恢復。

湯：內地人大多會聘請司機，香港大約有三萬個私人司機，其中約兩萬人由國內人士聘用，香港人聘用的只有約一萬。

何：最主要是內地人並不熟悉香港的道路。他們不是長期居於香

港,故聘請本港司機方便出行。就如我們到內地工作,多會聘用當地的司機。

湯:我們不夠膽在內地駕車,若出現意外,真不知道如何處理。

內地客逐年增加

何:汽車銷售業務是否會受本港經濟影響?

戴:我們的業務絕對受經濟情況影響,疫情之前,平均一年約有四萬輛汽車登記,但在 2021 年首四個月,平均每月只有二千至三千輛,高峰期是三月,因為稅務原因,多了市民購買電動車。

何:特區政府聲言會於 2035 年或之前停止新登記燃油私家車,行業將如何應對。

戴:電動車確是一個大趨勢,這個浪潮難以抵擋。不過,始終有一群燃油私家車的忠實擁躉,燃油車及電動車的駕駛感受確是截然不同。

湯:電動車能否玩飄移?

戴:應該效果會不太理想。

電動車將成大趨勢

湯:我於 2009 年曾撰寫一本書,其中一節預測政府對電動車的補

貼將於十年內取消，最後在六七年之後，政府便取消相關補貼，因為電動車始終是一個大趨勢，但燃油車就像黑膠唱片，總會有人喜歡。

戴：現在多了人購買收藏車，特別是保時捷等品牌的收藏車愈賣愈貴，因為已經停產。電動車無可否認是一個大趨勢，但燃油車是否需要完全停售，還有很多考慮因素，例如配套。

湯：我發現汽車買賣行業，很多是老人家。戴小姐是少有的年輕人，而且是女性。我認為這是一個優勢，年輕人看市場，和老年人是有分別，年輕人始終開放些，夠膽引入適合年輕人市場的車種，何況現時的年輕人更願意花錢買車換車呢。

何：女性加入這行業，有什麼優勢呢？

戴：女性做這行業的優勢是我見慣不同行業的長輩，能了解他們對汽車的要求。現時出現一批第二代喜歡玩車，我亦可以和他們溝通，掌握到車的潮流，在入車、售後服務等方面都能有所配合。

何：我們買車之外，售後服務也非常重要，這些服務如何讓汽車行業增值呢？

戴：我們非常重視售後服務，我們有驗車、維修、租車一條龍服務。如汽車半夜出現問題，我們亦提供拖車服務。

何：科技應用於汽車業，無人駕駛是其中重要一環，有否了解相關發展？

無人駕駛將成新趨勢

戴：汽車商會正推廣無人駕駛這技術，內地的商用車不斷就無人駕駛進行測試，估計慢慢會推廣至私家車，所以無人駕駛會是新趨勢。

何：你大學時主修藝術，參與管理後在推廣及廣告方面會否有新招式？

戴：我初入公司的前半段時間，在推廣方面參與較多，但其後主要參與整間公司營運。目前公司的推廣工作手法催向年輕化，不時利用不同的社交媒體如 YouTube、Facebook、Instagram 等接觸年輕社群。我們上一代賣車，主要靠報章一小格分類廣告，但現在推廣走向電子化。我們亦開發了一個手機程式，處理租車業務。

何：疫情會否影響租車業務？

租車業務相當穩定

戴：租車業務在疫情下反而相對穩定，家長擔心受感染，避免小朋友乘搭校巴或其他公共交通工具，多了租車接載子女出入；第二是三月份多了人購買電動車，但可能要等來貨，所以便租車使用；車輛正維修的客人和公司客戶亦相對穩定。我們未來的租車業務上希望能讓顧客有新的生活體驗，例如與餐廳及酒店合作推出優惠。

湯：租車其實較買車節省不少，買車的折舊頗嚴重，租車則可以每一兩年換車。若需要離開香港數個月，也可以暫時不租車，節省開支。

戴：我們亦提供日租服務，部分香港上班族平日都不會駕車，因為泊車難，只有假日才會駕駛，日租服務就為他們提供方便。

07

當藝術遇上科技

——團結香港基金藝術及文化研究主任蘇曉明

新冠肺炎疫情下，重挫全球各地經濟。為了救市，英國政府大膽提出，為年輕首次置業人士，提供高達九成半按揭貸款。紀惠集團行政總裁湯文亮與 107 動力召集人何民傑在節目中點評政策利弊，並直指香港照板煮碗只會適得其反。節目同時訪問了團結香港基金藝術及文化研究主任蘇曉明和本地樂團藝術總監及指揮林丞汧暢談藝術科技及音樂業在本港的前景。

蘇	林	湯	何
團結香港基金藝術 及文化研究主任	本地樂團 藝術總監及指揮	紀惠集團 行政總裁	107 動力 召集人
蘇曉明	林丞汧	湯文亮	何民傑

何：今日先講講年輕人置業問題。

湯：不少年輕人都希望置業，但目前樓價高企，好多人擔心年輕人上車會變成炮灰。

何：英國 2020 年第四季經濟甚為惡劣，首相約翰遜大膽提出九成半按揭，年輕人只要支付樓價的百分之五便可以上車，目標是創造多二百萬個業主，令當地經濟可以復蘇。英國金融業組織還表示會和政府合作，在當地銀行推出相關按揭。湯博士，這招香港能否借鏡呢？

置業需一膽二力三功夫

湯：我相信英國都是強行去做，目標是刺激經濟。英國和香港最大的分別，是英國有足夠土地，也有足夠的樓宇供應量，相反香港供應量不足，如果香港用上這招，當然多了年輕人上車，但樓價一定會上升，除非政府有能力大幅增加供應量。政府並不是沒有幫助年輕人置業，香港按揭證券公司其實做得不錯，不少人能受惠。特首林鄭月娥早前提出，一千萬樓價以下可借八成，坊間稱之為「林鄭 plan」，我估計樓價未來都會上升，用「林鄭 plan」買樓的人士預計可以賺錢。現時買樓的人要具備幾個條件，一膽二力三功夫。一膽當然是指膽量；二力是指供款能力；三功夫是要做足準備功夫。第一次上車可考慮花多些功夫研究購買二手樓。

何：現在我們邀請到團結香港基金藝術及文化研究主任蘇曉明加入討論。可否介紹一下什麼是藝術科技？

蘇：藝術是一項表達自己的狀態，科技亦是一個表達方式，所以藝術科技結合，是透過科技表達自己的想法。這些想法可透過科技本身的多樣性，帶動更多與觀眾的互動，相比以往傳統表達藝術的方法，有更大的可能性。

何：傳統素描主要工具是紙和筆，藝術科技是否代表日後不再用紙筆，而是用其他科技代替？

機械人畫水墨畫有價有市

蘇：現時已有 AI 機械人能夠畫水墨畫，它們的作品可以賣到不錯

的價錢。背後當然有不少科研人員及工程師。香港在這方面有不少人才。

湯：藝術好抽象，科技好實實在在，將這兩種東西結合，有點難度。

蘇：完全正確，藝術家有藝術家的圈子，科學家有科學家的圈子，大家互不相干，這都是世界普遍的現象，發展得不錯的文化經濟體，例如台灣、南韓、英國等，當地政府撥出不少資源，協助藝術家和科學家融合在一起。當地政府甚至有藍圖推廣藝術科技。在基礎建設方面，亦撥出不少地方作為文化表演場地。故此，我們早前就藝術科技撰寫了一份研究報告，並呈交特區政府考慮，好高興在 2020 年的施政報告中也有提及藝術科技。

何：普通市民如何接觸藝術科技？

蘇：其實藝術科技就在生活周邊，在法國羅浮宮的蒙娜麗莎畫像，早前便有展覽利用 VR 技術，讓觀眾以另一角度體驗這畫作。觀眾戴上 VR 眼鏡後，可以進入達文西繪畫《蒙娜麗莎》的房間，蒙娜麗莎還會說話，這可以開拓全新的觀眾群。

湯：可能要改名為科技藝術，透過科技了解藝術。

蘇：現在流行將大數據應用在博物館內，以了解觀眾的行為模式，讓館方知道哪類型的展覽，特別受某類年齡層人士歡迎，幫助博物館制訂日後的發展策略。

何：跟着我們邀請本地樂團藝術總監及指揮林旡汧參與討論，可否和聽眾分享一下如何踏上音樂之路？

林：我在中大讀理科，跟着在港大修讀比較文學，之後到維也納進修音樂。我本身練習小提琴，最後轉做指揮家。

何：本港年輕人如何進入這個行業？

林：這很講際遇，但要有基礎的訓練，例如在香港演藝學院、多間大學的音樂系、藝術系完成課程之後，很多時要依靠人脈，持續做下去創立自己的名聲。

何：在這行業發展，是否要做到香港第一？

林：視乎哪個崗位，若做到香港第一，多數會在台上獨奏。如果享受一群人的演出，那合奏和管弦樂團就是另一個方向。

湯：林生是指揮家，同時是小提琴家，這兩個角色如何比較？

林：年輕時做小提琴家，目前主力做指揮。指揮要對所有樂器有一定理解，即使不懂得彈奏，亦要懂得和樂手溝通達至想要的效果。

08

全禁加熱煙的謬誤
——香港報販協會主席林長富

又到選美季節,各大報章娛樂版均以大篇幅報道一眾「美女」到電視台參與面試。紀惠集團行政總裁湯文亮在節目上與 107 動力召集人何民傑分享佳麗面試與住宅物業放盤的相似之處。湯文亮更向聽眾提供貼士,如何可以將自己的物業以好價出售。另外,主持又邀請到規管加熱煙大聯盟成員、香港報販協會主席林長富作嘉賓,點出特區政府全禁加熱煙的謬誤。

林	湯	何
香港報販協會 主席	紀惠集團 行政總裁	107 動力 召集人
林長富	湯文亮	何民傑

何:湯博士有沒有留意今屆參選港姐報名的新聞。

湯:有評論説今屆報名參賽的港姐好恐怖,可能 ViuTV 有 Mirror,TVB 有 Horror。

何:我見娛樂版的報道,編輯將參選港姐的人分為星二代組和奇趣組。若媽媽發現自己的女兒掉入奇趣組,心情應該不太好。

參選「佳麗」是媒?

湯:這批被人拍到的佳麗隨時是媒,有朋友着我為其女兒做參選港姐的提名人,我發現她樣貌也不錯,但她卻不夠膽參選,害怕

不能入圍。現在一班 Horror 的出現，自然讓她對參選添了幾份信心。這又與賣樓有關。

何：這和賣樓有什麼關係？

湯：有個朋友將一個低層，座向普通的單位放盤，他覺得單位很受歡迎，很多人來參觀，所以叫價也特別高。我心想他已經中了計。

何：為何有這分析？

湯：物業代理通常會先帶買家們看一些低層、方向不好又貴的單位，買家當然不滿意。不過，物業代理一定會說個客好運，剛剛有個樓層比較高，方向較好又便宜一點的單位，因為業主移民而急讓。不少買家願意落疊，物業順利成交。至於朋友的低層單位，其實只是一個反面的示範單位。

何：好多人誤會單位多人參觀，便不用減價。

湯：在疫情之下，很多優質單位不開放給買家參觀。樓上樓下間隔相若，低層單位便成了示範單位。

何：選港姐也是同一道理，奇趣組是低層單位。

買優質盤靠地產代理

湯：如果買家願意等，是可以買到優質價平的單位，但前提要和地產代理相熟，因為他們有自己的網絡，亦有充足時間尋找優質盤。

何：跟着想談談加熱煙這個話題，究竟政府要規管，還是禁絕呢？我們邀請了規管加熱煙大聯盟成員、香港報販協會主席林長富加入討論。大聯盟是由什麼行業所組成呢？

林：除了報販外，還有旅遊業、餐飲業以及創意行業等，學者朱國能教授都是大聯盟成員之一。

何：業界為何要求政府規管加熱煙呢？

林：銷售香煙佔我們報販很大部分的收入，政府一直以規管的方法容許報販出售香煙。加熱煙同樣是煙草產品，為何政府不是加以規管，而是採取禁售呢？全世界有六十多個國家可以合法出售加熱煙。最奇怪是政府「禁賣不禁食」，煙民日後亦可以透過黑市途經購買相關產品，這對合法經營的小商販並不公平。

禁售對合法商販不公平

湯：我是贊成規管加熱煙，實際上加熱煙推出市場後，吸食傳統香煙的市民有所減少，是有利本港社會的。政府不懂得規管，才提出完全禁絕。

林：政府提出將電子煙和加熱煙捆綁在一起，全面禁售。但電子煙和加熱煙是兩種不同的產品，電子煙是將精油等液體加熱，加熱煙本質是屬於煙草產品，只不過傳統香煙是通過火去燃燒吸食，加熱煙則是透過器具加熱煙草。對於政府禁售電子煙，我們沒有特別數據所以不會和政府爭拗，但加熱煙已在全球不少國家合法出售，這和傳統香煙分別不大，報販應有權合法售賣。

何：大聯盟未來有什麼行動？

林：大聯盟希望收集各行各業對這議題的意見，之後約見立法會議
　　員，反映要求規管加熱煙的訴求。我們希望政府能分開處理加
　　熱煙及電子煙。

09

唐詩英譯之秘技
——前立法局主席黃宏發

從政近二十年，前立法局主席黃宏發自退出政壇及大學教學工作後，潛心翻譯唐詩，近期更將過往的心血結集成中英對照的譯詩集《英譯唐詩六十首》。紀惠集團行政總裁湯文亮及 107 動力召集人何民傑邀請黃宏發作嘉賓，分享唐詩英譯的秘技。

黃	湯	何
前立法局 主席	紀惠集團 行政總裁	107 動力 召集人
黃宏發	湯文亮	何民傑

湯：今日邀請了前立法局主席黃宏發當嘉賓，他除了中文了得，英文也相當厲害，還將唐詩翻譯成英文。希望發叔可以多翻譯一下李商隱的詩，他的詩真是好厲害。

何：發叔近十多年來醉心詩詞英譯，將古詩由中譯英，為何會有這興趣？

黃：因為容易嘛，新詩反而更難翻譯，特別新詩所隱藏的旋律難以譯出來，改為另一種文字便失去原有神韻。唐詩則相反，一般只是四行，內容愈短愈精簡，當中包含的意義更多，翻譯成英文時保留到隱含性，便能保持詩意。

何：發叔將過去的心血，選取當中六十首，結集成中英對照的譯詩集《英譯唐詩六十首》，你的新書設有 QR code，這是什麼來的？

發叔親自演繹英版唐詩

黃：這是我朗讀英文版本的唐詩，過往是沒有人做過的。掃上 QR code 後沒有畫面，只有我的聲音。

何：發叔唐詩英譯時好注重押韻。

黃：我十分不同意將唐詩翻譯成英文時，押韻的形式和原本詩句不同。因為唐絕句是一、二及四行押韻，這配合結構和起承轉合，若英譯後，第三行詩也押韻，這便破壞了詩原本的味道。我的譯法是要根據原本詩句的押韻模式。

何：英詩的押韻同我們唐詩的押韻有不同？

黃：英詩和中文詩的押韻確有不同，各自都有其押韻的方式。

湯：將唐詩英譯後，詩句原文的背後意思都能表達？詩人背後想表達的東西可以相當艱辛。

黃：詩一定要有好強的隱晦性，英譯後一定要保留，否則便失去了詩味。詩句精簡得來，要讓人有無限想像。

湯：再談談其他，如果李白仍然在世，現在應該很忙，因為李白過往寫了很多詩是關於送行，近日香港機場便出現很多送行的場面。

何：好多父母到機場送子女機，場面很傷感。

湯：好多人離港時會説香港沒有自由，現在不走可能以後無法走這

些說話，走與不走是個人選擇，但走的人不需要出言打擊沒有離開的人。

何：香港是自由出入的嘛。

湯：特首剛剛亦重申，會極力維護出入境自由。各人有各人的選擇，但離開之後，很難再回來。因為離開的人比較倉卒，和以前移民有一定質素不同。

何：最後送上李白的《黃鶴樓送孟浩然之廣陵》最後兩句：「孤帆遠影碧空盡，唯見長江天際流。」

湯：這是首好詩。

10 FB 稱撤離香港屬指桑罵槐？

——星展銀行首席中國經濟師梁兆基

《華爾街日報》報道，Facebook、Twitter 以及 Google 母公司 Alphabet 警告，如香港政府執意修訂私隱條例，或會停止在香港提供服務。紀惠集團行政總裁湯文亮、星展銀行首席中國經濟師梁兆基及堅策研究中心研究員施雨茵在節目大談事件對香港的影響。湯文亮亦認為，Facebook、Twitter 等公司的決定是指桑罵槐，冀起底之人能夠自律。

梁	湯	施
星展銀行	紀惠集團	堅策研究中心
首席中國經濟師	行政總裁	研究員
梁兆基	湯文亮	施雨茵

湯：政府計劃訂下「反起底法」，Google、Twitter，Facebook 這些美國科企就聲言，因應港府的「反起底法」而考慮撤出香港。説實話，我也不喜歡「反起底法」，單靠自律是否已足夠呢？

梁：是否立法確是一個複雜的問題，被人起底的當然感到不是味兒，但我認為，Facebook 等公司的反應比我預期中的大，因為他們是商業機構，需要牟利。根據報道，如果政府通過相關法例，他們便會撤離。不過我要細心查看消息來源，因為現在太多無成本的資訊，需要多些資料才能評論。

湯：我覺得今次事件可以用四個字來形容，就是「指桑罵槐」，這

些公司警告，若有「反起底法」便會撤離，這其實是同時通知專門起底的人，不要太過分，否則一拍三散。

梁：他們最後都可能沒有 Facebook 可用了。

湯：我在十年前寫博客時，有人不同意我的看法，便起我底並進行騷擾。朋友向我提供了方法，可將不合理的留言隱藏。Facebook 又能否應用這些科技？

梁：解決方法其實不用這麼激進。

施：跟着談談美國加息的機會，兩位嘉賓有何意見？

梁：在新冠疫情的因素下，全球中央銀行不用提早加息，因為早了加息只會令經濟復蘇的步伐受阻，所受的政治壓力將會很大。他們寧願等通脹正式出現，才會加息，今次美國聯儲局亦有類似意見，2023 年加息半厘可說合理，我不認為會特別加多些息，因這對美國沒有好處。

湯：通脹會否和貿易戰有關係呢？

商品短缺致通脹上升

梁：貿易戰是通脹的其中一個原因，除此之外，新冠疫情出現後，生產鏈嚴重受到影響，商品和半導體等出現短缺情況，令成本上升。這問題相信在短時期內都未能解決，預計需時半年至九個月才可解決。但同時間需求會上升，因而帶動了通脹。我認為通脹是會繼續上升。

湯：部分基層市民買了樓，向銀行借了大筆錢，一旦加息，負擔會增加。所以我都擔心加息，不敢向銀行借太多錢。

梁：肯定會加息的，只是視乎加息速度，目前看應該不會加得快。我主觀認為，聯儲局考慮加息，看股市因素多於通脹因素。

湯：有沒有可能降低關稅，令通脹降溫，推遲加息？

梁：這是一個解決方案，但要視乎中美關係，2021 年中美關係未見突破，出現的機會應該不大。

施：我們跟着談論外資撤離的問題。

湯：美國商會會長在兩個多月前曾表示，未來一年有約百分之四十美國企業會撤離。我接觸不少客戶，他們亦不見有太多外資撤離。

未見外資大舉撤離

梁：事實是完全相反，不少外資正加大在中國的投資。2020 年新冠疫情出現時，他們確實有點驚恐，但並沒有表示會撤離。目前不少商品出現短缺，他們希望能增加供應，但沒理由匆匆在印度設廠。製造業的投資很明顯已返回中國，有說中國製造成本急升，但其穩定性肯定較其他國家優勝。

湯：若出現走資，第一批走的會是家眷。但近月我的豪宅租盤已全部出租，並且有新的租客，所以不覺得外資正在撤離。

11

尋找特色單位之道
——長實地產執行董事趙國雄

置業安居是不少香港人的終極夢想。有「樓神」之稱的長實地產執行董事趙國雄與 107 年動力召集人何民傑大談置業之道。趙國雄指出，年輕人買樓自住，只要有能力，任何時間入市也不成問題。假若是投資的話，則要花多些功夫尋找特色單位，以確保升值潛力。

趙	何
長實地產 執行董事	107 動力 召集人
趙國雄	何民傑

何：年青人一生中眾多的投資項目，買樓上車是否一個好選擇？

趙：我想不只是年輕朋友以解決自己居所最為重要，「齊家治國」所以先要「齊家」，由於香港房屋供應不足，解決居住問題是不少市民的心願，若能力做得到，量力而為購買自住居所，我認為是值得考慮。

何：坊間有說，不用理會樓市上上落落，購買樓宇作自住，何時入市都不成問題，你是否贊成呢？

趙：這是對的，樓宇是自住而非投資炒賣，最重要是物業配套是否便利，是否自己喜愛。不用理會樓價上落，最重要是量力而為，能否負擔得起供款。樓價升當然開心，即使樓價稍為回

調，也不用太過傷感，可當自己交租居住。若有能力負擔，擁有自己的居所也是一個不錯的選擇。

何：有一派人士不喜歡做樓奴，寧願租樓也不願供樓，這迷思如何破解？

租樓住錯失樓市升值機會

趙：今時今日仍有很多朋友喜歡租樓住，現在擁有一層樓作收租，回報是兩厘多，但問題是你可能會錯失了樓宇升值潛力，長遠來看，樓價會往上走，特別是香港未來一段時間，房屋供應都不會足夠。而剛性需求卻不斷增加，大家都認為近期樓市好像沒有太大上落，但長遠來看，香港經濟一旦復蘇，樓價應會隨着經濟增長而慢慢回升。

何：置業時有什麼其他周邊因素較為重要？

趙：最重要按着自己的需要，如果家庭中沒有小朋友，選擇彈性較大，若有小朋友則要考慮他們的需要，例如鄰近學校，不用舟車勞頓去上學。若家庭有長者，亦要考慮附近是否有醫療設施，所以不能一概而論。一對年輕夫婦，選擇彈性相對大很多，可以選擇較偏遠、環境優美的地方。但若有長者或小朋友同住，則難以搬往交通不便的地區。

何：早幾年政府推出多項樓市辣招，其中一項是收緊樓宇的按揭。現時是否適當的時間放寬，增加市民上車的機會？

辣招將市場扭曲

趙：我以前讀公共行政時，有些理論提及制訂一些臨時措施是很容易，但是何時取消或放寬，則要面對很大壓力。樓市辣招同樣面對這個情況，辣招當時以樓價作界限，例如整體樓價八百萬、一千萬設一個分界線，但有時照顧不到樓價尺數不斷上升，限了價之後，只能購買愈來愈細的單位。所以辣招推出之後，單位愈建愈細，因為發展商要照顧辣招的限制，某程度將市場扭曲。目前確是騎虎難下，如何減辣呢？2019年特首將一千萬以下的物業按揭成數放寬。

至於現時是否需要放寬辣招呢？作為發展商，當然希望政府能略為放寬，讓我們賣樓容易些，同時可以幫助市民改善生活環境。

倡不容再建納米樓

何：一眾辣招之中，壓力測試是否最不合理，最需要撤銷呢？

趙：政府訂下的措施有一定的背景，坊間聽到的意見，認為壓力測試是沒有必要，未來兩三年，加到三厘息的機會都不大。但政府立場是要保障銀行體系，希望政府能重新檢討相關措施。辣招是特殊情況，特事特辦，當時的情況我覺得是有需要，但到目前的環境，香港經濟增長慢了很多，在經濟方面應增加多一些推動力。

何：如何看 2021 年的樓宇走勢？

趙：如果今日要入市，投資並非自住，我覺得最重要是找到一些較為特別或有特色的樓盤，增加保值能力。未來一兩年，我估計樓市都不會大幅上升。但特色樓盤的價值是存在，將來樓市動力恢復，這些特色樓盤會跑贏大市。

何：何謂有特色的樓盤？

特色樓盤可跑贏大市

趙：首先當然是附近的交通配套理想，地點有投資價值和有身分象徵等，擁有好的校網自然更加理想。

何：有錢在手，現在是否可以入市的時間呢？新冠肺炎疫情令樓市稍為下調，目前是否入貨的時機？

趙：這要視乎你是否覺得要投資在樓市。今時今日來看，不少人覺得投資股市更為理想。投資一定要考慮回報。你問我，我當然認為買樓最好。但我不希望其他朋友覺得我賣樓才會這樣說，所以最重要的考慮是回報，回報如何才能達到你的要求，這才最重要。

何：銀行目前接近零息，若有一筆資金在手，投資物業的中長期回報，跑贏很多銀行投資產品。

趙：物業始終有一定價值，股票的一上一落，波動性會較大，最重要是量力而為。

12

疫情下的航空業
——香港中文大學亞太所
經濟政策研究計劃聯席主任羅祥國

疫情下，全球各地封關鎖國，限制出行，航空業受到空前重挫。香港作為南中國，以至東南亞的航空樞紐也不能獨善其身。107 動力召集人何民傑邀請了專門研究航空政策的香港中文大學亞太所經濟政策研究計劃聯席主任羅祥國出席節目，分享航空業的前景，以及產能過剩的問題。

羅	何
香港中文大學亞太所 經濟政策研究計劃聯席主任	107 動力 召集人
羅祥國	何民傑

何：羅博士是航空業的專家，相比南中國其他地區，香港機場有什麼優勢？

羅：硬件方面，廣州及深圳機場進步相當快，未來數年廣州機場將會增加至五條跑道。即香港於 2024 年落成第三條跑道的時候，廣州機場已經有五條跑道。軟件方面，香港則相對發展得較好，疫情之前，本地的航空公司主要為國泰，提供相當優質的服務，並且擁有龐大的國際網絡。百多間航空公司會使用香港機場，香港機場直接及間接接觸到的航點超過二百個。香港政府趨向用開放天空的政策，和其他地區的航權談判比較具前瞻性，以便爭取更多自由飛行的空間。

何：疫情下全球航空業叫苦連天，航空公司不停裁員，漣漪效應下，與航空業相關的公司均面對裁員減薪的壓力。整個航空業是否出現所謂的產能過剩？

航空業現產能過剩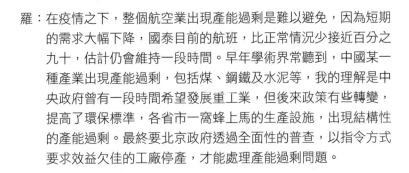

羅：在疫情之下，整個航空業出現產能過剩是難以避免，因為短期的需求大幅下降，國泰目前的航班，比正常情況少接近百分之九十，估計仍會維持一段時間。早年學術界常聽到，中國某一種產業出現產能過剩，包括煤、鋼鐵及水泥等，我的理解是中央政府曾有一段時間希望發展重工業，但後來政策有些轉變，提高了環保標準，各省市一窩蜂上馬的生產設施，出現結構性的產能過剩。最終要北京政府透過全面性的普查，以指令方式要求效益欠佳的工廠停產，才能處理產能過剩問題。

本港航空業面對的產能過剩，主因是全球航空業的需求突然收縮下滑，估計疫情過去，未來兩三年市場便可以解決到。

何：與物流相關的還有貨櫃碼頭業，葵涌貨櫃碼頭過去是世界第一，但目前快要跌出十大，本港貨櫃物流業是否同樣出現產能過剩？

羅：香港整個貨櫃碼頭業，最高峰的時候為 2014 年，當年處理二千二百萬個貨櫃箱，直到 2019 年，則跌至一千八百萬個貨櫃箱，跌幅相當大。世界排名不斷下跌至八、九位。相反上海、廣州和深圳則已晉身在首五名之內，大幅超越香港。貨櫃碼頭業的轉變，一方面是因為珠三角的海港在政府政策全力支持下大幅崛起，第二是貨源及最終目的地主要來自珠三角。過往當地的貨櫃碼頭業未拓展，部分貨物會運到香港上船。在這

情況下，我大膽推斷，香港整個貨櫃碼頭業和貨櫃箱的處理，會在未來五年繼續慢慢下滑。

港應考慮搬貨櫃碼頭

何：業界該如何應對？

羅：面對挑戰對手主要是深圳的鹽田，以及廣州的南沙等港口，香港主要經營貨櫃碼頭業的財團，一樣在內地港口有龐大的投資，貨櫃箱最後去鹽田還是葵涌，對他們來說可能只是左右口袋之分，所以從香港業界的角度看整條帳目，未必感受到香港貨櫃箱下跌對盈利及業務有很大的影響。他們可能看到產能過剩，暫看不到對整體盈利及業務有太負面的影響，因此在政策上沒有向相關決策者施加壓力或提供意見。新一代的貨櫃港，例如新加坡的貨櫃港將會全線搬到西南的邊陲位置。新建的貨櫃碼頭屆時會全面自動化，先進的程度將走向頂端，與香港的距離將會愈來愈遠。

何：即航空業的產能過剩是因為疫情的特殊情況，屬短暫性，而貨櫃碼頭業則是結構性，香港可考慮搬遷貨櫃碼頭。

羅：長遠來看，香港應考慮搬遷貨櫃碼頭。

13 行為經濟學與湊仔經濟學
——香港浸會大學經濟系講師黃健明

作出每個投資決定，並非完全根據理性假設，還涉及不同的心理因素。故經濟學其中一門分支名為「行為經濟學」，將心理學的研究融入經濟學之上。香港浸會大學經濟系講師黃健明博士便在節目上，與 107 動力召集人何民傑大談「行為經濟學」如何應用在投資決定及日常生活之中。黃健明亦講解，以經濟學角度研究生兒育女，有什麼有趣的發現。

黃	何
香港浸會大學 經濟系講師	107 動力 召集人
黃健明	何民傑

何：到底行為經濟學是什麼？

黃：其實行為經濟學與生活的關連是比較大的，最基本假設就是當大家都有資訊的時候，就會按預期的得益和成本作出最有利的決定。但在驗證的時候，似乎又看到不一樣的結果，慢慢融合與心理學的因素再理解人類是如何作決定，形成一門改變基本假設下的行為經濟學。

何：心理學對人的行為及認知、真實決定情感等因素也包含在經濟學的判斷，有沒有什麼生活上的例子？

黃：香港人喜歡投資，經濟學裏面也有很多研究投資決定，最簡單

的理解就是現在的市價，我們假設真的計算到基本價值最後決定買入還是賣出，例如現在我假設某隻股票基本價值是八十元，現價六十元，當然是買入或繼續持有，相反，假設價值只有七十元，現價八十元，如果正在持有的便應該放出。

何：理性的推算吧，但實際上好像不是？匯豐去到一百元股民就會湧入，跌至三十元則無人敢買。

黃：對，這些涉及很多不同的心理學因素。但明顯有趣的是假設基本價值是八十元，原價又是八十元，原則上你買不買也沒什麼特別，但是有一個因素會影響股民買賣股票，就是買入時的價格。假設某人在六十元買入這隻股票，和另一人在一百元時購入，分別便很大。

何：因為蝕和賺的心理吧。

實際行為與理性假設之差

黃：賺的話就傾向出售，相反若是蝕，就很多時傾向持有，因為理性假設之下，買入價其實是沒有關係的，我們稱為 Reference Dependents（參考倚賴），這樣可以看到實際上的行為和理性的假設有着一定偏差。

何：經濟學很強調理性、預測，但行為經濟學似乎就是修正了這個大前提，因為人類有很多行為都不能完全用理性去解釋。

黃：沒錯，我要去補充一點，其實行為經濟學都可以預測的，作為一個學科不能預測的話便不能說是研究，只是我們看的預測性和理性假設之下有一點分別，就像剛才所說，原來賺蝕對投資者決定買入還是賣出股票是很重要的。

何：經濟學不只是看股價，而是要了解散戶和基金管理人有不同心態，心理質素可能又不同。

黃：人原來真的不是這麼理性的。行為經濟學在近年比較受注目是因為 2017 年行為經濟學家賽勒拿了諾貝爾獎，再之前便是2002 年拿了諾貝爾獎的加利曼在近年出版了一本很有名的書《快思慢想》。

何：談談另一個話題，華人地區一般都很注重子女教育，這種欲望如何用經濟學去排解？

黃：其實這不只是香港獨有，曾經有電視節目說要計算子女什麼時候出世，因為這樣可以幫助入學，其實美國也有這樣的做法以推遲入學的年齡，經濟學也發現如果較大年紀入學在讀書上的表現會更好。

何：我有朋友在疫情期間生小朋友，他們都說競爭應該會比較少，因為出生率較低。

龍年寶寶成就更高？

黃：對，要知道某些年份出生率低時競爭是不是較低，就要想一想出生率高的年份是不是就競爭特別高，因為感覺上更難入好學校，競爭資源等，但經濟學上計算這些其實是困難的，什麼年份生小朋友是個人控制的，例如想知道龍年的小朋友是不是成就較好，直接研究的話其實是的，雖然要爭奪資源，但我們亦發覺似乎收入會更高，原因是較富裕的家庭可以控制和決定小朋友的出世年份。這個在經濟學上叫篩選性偏差，例如希望兒子入名校，什麼人入名校已經是篩選過的，美國曾經有研究隨

機獲派學校的小朋友成績會否較好、收入會否更高,答案是否定的,甚至會有退步,因為有些人可能與其他學生有差距,令他們在學習上有困難。所以現在有很多中學都強調增值是很重要的。

何:現在都會說到養兒防老,那其實生四個小朋友的效益更好,還是生一個把所有資源給他,寄望他回報更好?

黃:這就涉及兩個問題,第一:養兒是否真的防老,究竟是投資還是消費,我奉勸各位父母還是當作消費會比較好,至於生多少個小朋友,經濟學裏面有一個 QQ 理論(Quality and Quantity),一般來說多生小朋友會分薄了資源,可能將來成就會較低,但驗證是很難的,中間有不同學者用政策去理解,例如中國的一孩政策,得出來的結果似乎是沒有什麼影響的,多生小朋友雖然分薄了資源,但兄弟姊妹之間的交流對成長很有幫助,這些就是經濟學的驗證。

14　抗疫政策與健康經濟學
——美國克林信大學經濟系副教授徐家健

新冠肺炎疫情肆虐全球，各國均推出抗疫政策，期望減低國民受感染機會，當中每每涉及到政府財政資源如何運用。美國克林信大學經濟系副教授徐家健便分享健康經濟學的理念，如何應用在抗疫政策之上，以達至最符合成本效益。

徐	何
美國克林信大學 經濟系副教授	107 動力 召集人
徐家健	何民傑

何：徐家健今日有什麼經濟學的概念與大家分享呢？

徐：經濟學有一個範疇名為「健康經濟學」，香港較少人留意，在香港做經濟學家，好多人只會查問股市走勢如何，但其實經濟學還有很多範疇。

何：你早前有一篇文章挑戰袁國勇教授，是引用健康經濟學的？

徐：輿論不太認識抗疫政策，認為只有醫生、傳染學家才有話語權，但他們沒有留意，抗疫相關的公共政策，都會影響資源分配，所以經濟學者能提供專業意見。健康經濟學有一個概念，名為「統計學上的生命價值」，這看似有點冷血，因中國人經常說生命無價，假若真是無價，便要用盡一切去救一條生命。不過，經濟學的看法有所不同，過往有不少文獻量度經濟的價

值，這不是指你的生命值多少錢，只是為了方便進行有關健康的政策研究，有時環保的政策亦會用到。

人命都可以量化？

徐：美國不同的政府機構推行大型的環保或健康政策時，都要計算成本效益，政策若對生命有影響，例如抗疫是否進行全民檢測，或是否收緊限聚措施，這些政策可以救到生命，減少市民感染以及死亡數字。不過，這些政策都會對經濟有影響，所以要做到平衡，要看價值有多少，成本有多少。例如食肆取消晚市堂食，可減低市民受到感染的風險，從而拯救到多幾條生命。但有關措施亦會有經濟成本，如何取得平衡，都要作量化從而作出比較。其中一個常用的方法，是成本佔多少 GDP，生命的價值便可以用金錢去量度。從這個角度，香港推行任何公共政策，尤其健康政策是否值得去做，都是傳統經濟效益計算。健康經濟學的概念，是當政策影響到人命，便可以量化。

何：例如全城禁足便會沒有疫情，這看似簡單，但經濟代價需要衡量。

徐：抗疫如何保證零確診，有一個極端的方法，就是殺盡所有人，但這代價當然好大，亦違反原意。

何：西方經濟學家是否較積極去進行？相反在香港甚少出現。

徐：香港完全沒有，美國已進行了好多年，美國曾有文獻計算，一個人的生命，價值約七百萬至一千萬美金，數目不少。每一個政策推行，都會改變人類的死亡風險。統計學是指機率略為改變，例如政府撥款是否支持研究一隻新藥物，可減低某個百分

比的死亡風險。減低百分之一便等同多少金額。政府是否值得投資在這新藥之上。環保政策也不時能應用到，例如某政策令呼吸系統疾病減少，可計算出得益有多少。

何：健康經濟學可否引用在其他地方之上？

徐：另一個大題目是吸煙習慣，這是經濟學家非常關心的課題，因為吸煙是一個消費行為，但同時會令人上癮，所以不少經濟學家研究這是否理性的行為呢？因為吸煙有損健康，我其中一位已故的論文老師曾做了一個模型出來，以理性看待吸煙這消費行為，會否在吸煙時的享受得益，多於健康付出的成本。

一些涉及健康的政策，除了醫護界能提供意見外，經濟學者亦可提供專業知識，這些醫學問題，都與行為有關。是否吸煙是一個消費選擇，近年在不少地方都有討論，新型香煙產品例如電子煙、加熱煙等應如何規管，是否應該容許銷售？在有傳統煙的市場上，這是一個爭議性大的題目，醫生當然建議禁售，因為對健康有影響。但從經濟學來說，生命可值多少錢，這都是取捨的事情，例如這個題目，消費者享受吸煙的過程，放棄較健康的生活，消費者會作出取捨。

消費者為健康作出取捨

何：例如經常飲咖啡、晚睡都會影響身體。

徐：這全是消費行為，這些消費行為我們常遇到替代品。

何：吸煙有什麼替代品？

徐：吸煙的替代品可以是電子煙、加熱煙等新型煙草產品。經濟學有客觀的定義，當傳統煙的價格高了，消費加熱煙、電子煙的數量會增加，這便是替代品。這關乎價格及成本，導致消費行為轉變。美國食品藥品監督管理局（FDA）亦曾進行一些研究，加熱煙釋放的有害物質較傳統煙少，對人體的傷害亦相對較低。如果對加熱煙徵收高稅項，這便會令到成本上升，市民會多吃傳統煙。當一個政策，加稅或是完全禁止，都會影響成本。醫護界朋友關心市民健康，因為生命有價，從這個角度考慮禁煙政策，不能否認加熱煙及傳統煙都有損健康。但從經濟學分析，害處較低的產品徵稅應相對地低，若情況相反，甚至禁售，只會迫使消費者購買害處較大的產品。

何：即是兩害相權取其輕。

徐：將替代品拒諸門外，只會迫使消費者在缺乏選擇下只能購買害處較高的產品。

15　思考葵青貨櫃碼頭的新出路
——前海管理局香港事務首席聯絡官洪為民

葵青貨櫃碼頭有逾四十年歷史，經常被業界指設施未達到最專業的水平，面對大灣區多個港口的激烈競爭，葵青貨櫃碼頭的吞吐量逐年下降，從曾經是世界第一排名，到現在快要跌出全球十大。107動力召集人何民傑與前海管理局香港事務首席聯絡官洪為民討論葵青貨櫃碼頭出路問題。

洪	何
前海管理局香港事務首席聯絡官	107 動力召集人
洪為民	何民傑

何：可否分享對航運業的最新看法？

洪：我早幾年曾去洋山港考察，洋山港又名上海港，離上海黃浦區約兩小時車程，大海之中有好高的行車橋接駁，該處屬於浙江舟山，處於大海之中。洋山港不止服務上海，主要是服務長三角，洋山港比香港葵青貨櫃碼頭先進很多，全自動碼頭，看不到有人操作吊機。所以我有個想法，建立粵港澳大灣區的洋山港，想法好簡單，將葵青貨櫃碼頭，深圳的西部海港以及廣州南沙等，整合在大嶼山以南，屬珠海市管轄的桂山島上，並建立一個深水現代化碼頭，將大灣區所有貨品經由這個碼頭出海。

香港葵青貨櫃碼頭於八十年代設計，貨櫃碼頭功能很簡單，貨

櫃車將貨櫃箱搬上貨櫃船運走，工作便完成。現時，不少貨櫃箱由內河船運來，現在碼頭的設計，不能將貨櫃箱由內河船吊上大船載走，所以要先去屯門或青衣的內河碼頭，將貨櫃箱吊上岸，再一隻隻貨櫃箱由貨櫃車運去葵青碼頭上船，浪費不少時間及人力物力。若果今天能夠重新設計，以機械化處理，直接將貨櫃箱由內河船吊上貨櫃船。

何：如何看香港的航運業？

洪：我們要考慮清楚香港未來的產業究竟要做什麼。上一任特首梁振英也曾說過，倫敦是沒有碼頭，但倫敦是世界航運中心，因為倫敦掌控附近的碼頭，主要進行配套服務，包括法律、訟裁和金融等，物理貨櫃並不是經倫敦出口，香港應朝着這個方向發展。香港雖然是一個好好的港口，但未來是否仍要靠搬運貨櫃來賺 GDP，是我們需要思考的。

何：碼頭自動化後，會減少使用人手？

洪：未來一定是朝這方向發展。現在不是太多年輕人願意入行，所以未來一些重複性高、體力需求大、日曬雨淋的工作，應盡量讓機械去做。

何：建立一個超級碼頭後，便可善用葵涌的土地。

洪：我們粗略估計過，將葵青貨櫃碼頭的土地拍賣，可值七千億，足夠興建一個新碼頭，而且舊有碼頭位於市區，交通配套足夠。港鐵站便在附近，只要簡單多加一個站，便能解決居民的出行問題。當然，在貨櫃碼頭建樓要花一點功夫處理，例如碼頭的海底淤泥藏有不少污染物，需要清理及重新填海。啟德機場也是隔了好一段時間才能建屋住人。

16 樓市辣招適得其反
——中原地產創辦人施永青

本港樓市自 2004 年中央開放自由行後拾級而上。為壓抑樓價上升過急，特區政府接連推出多項樓市「辣招」，但效果未如理想。中原地產創辦人施永青與 107 動力召集人何民傑便在節目中大談政府干預市場的弊端，同時剖析本港樓價居高不下的原因。

施	何
中原地產	107 動力
創辦人	召集人
施永青	何民傑

何：諾貝爾經濟學獎得主海耶克有一學說，指政府做很多措施及政策的出發點可能是很好的，但社會太複雜太多變數，當政府干預後社會便反彈，會將政府的行為衍生出不似預期的後果，中文是非原先設想的後果。很多政策在剛推出時都好像很好，但後來又好像適得其反。

施：其實經濟或者社會問題與科學家在實驗室處理自然定理是不一樣的，沒有一個可控的環境下進行，所以這是一個演變的過程而不是在特定環境下的必然結果。

何：以你做地產這麼多年，有沒有什麼政策例子可以作解釋？

施：其實現在的辣招就是了，政府一時間無法增加供應，為了令樓價不要上升，唯有阻撓買家入市，政府以收取更多印花稅作為

措施，買家除了樓價外，交易前簽署買賣合約還需要繳交印花稅，變相增加了需要準備的首期，門檻提高了，買樓的人便少了。政府的房屋措施本應幫助市民置業，現在反而是阻撓市民買樓，除了印花稅還有壓力測試，現在增加交易成本令需求受影響，還有額外印花稅迫使賣方要持有物業三年不可以買賣而出租物業。所以辣招除了抵消入市意願、需要首期資金、業主賣樓意欲，結果樓價沒變動，需求供應又被壓抑，所以市場由2018年見頂後為何不下降就是因為這個辣招。

辣招難助年輕人置業

何：原先目的是希望幫助年輕人更容易上車。這個辣招令二手樓的供應也少了，對於年輕人上車有什麼影響？

施：有「林鄭 Plan」之後就好了一點，一千萬以下可借八成按揭，但有段時期二手市場是很難借錢的。買家唯有轉向一手市場，用發展商計劃自行二按等付款辦法以降低首期，一個是將資金由二手引導去一手市場的政策，變相得益的是發展商。

何：在辣招壓抑下，二手樓其實有一百多萬的單位，這樣就沒人換樓，沒有了細單位供應，年輕人難以有選擇。

施：有些經濟學家贊成降低印花稅，增加二手市場流轉。

何：應該把經濟重新搞起，現在太過一潭死水了。其實壓抑樓價背後還有更高的目標，原意是想人人能夠置業安居，但表面上停了樓價，實際上是所有人都買不到樓。

施：所以最終擁有物業的香港人是減少了。

何：總是説政府措施、官員做事緩慢。

施：政府用一個觀點來處理一件事情，但這個世界是複雜，很多不同的事情正在發生，互相影響，政府就不理，只是維持政策。

何：同時，這些政策的力度很大，因為政府可以立法干預買賣，以樓宇為例，這些都會受政府影響，但外在的環境幾年下來根本已經改變了。

施：以西方自由主義經濟的想法，不干預也可以自我調節，但現在全世界都沒有不干預，以前資本主義就不干預，但聯儲局所做的東西就是在干預市場，它干預利率、匯價、社會貨幣流通量，有些還是主導性干預，無論是美國還是中國，各國都在進行干預。中國有一段時間也覺得應該用上帝之手、市場的力量，就是在金融海嘯後發現美國也有多方的干預，所以不干預只是一個理想，在人人干擾的情況下，政府都變成一個主要的玩家。

政府「自負」的後果

何：當干預出現惡果的時候，政府就應該快點抽手。

施：要宏觀調控，政府應在宏觀的環境下干預。例如聯儲局只干預基本的貨幣供應、利率，它不會干預細微的東西。香港政府就反而連細微的東西都干預，效果反而適得其反，所以就不應該做這些東西。

何：諾貝爾經濟學家得主海耶克提出的概念「致命的自負」，中心思想是政府及政客最大最致命的問題是太過自負，覺得社會可

以被他們操作、可以被設計，這種想法很致命，會帶來很災難的後果，所以在社會主義比較盛行的時代，為人類帶來好多年的災難。

施：「致命的自負」的基礎認為世界是複雜的，不是必然的，事物的發展是充滿懷疑性的，同量子物理學中的不可測理論有些關係，因為事物都是在正與負之間搖擺，不是這麼肯定的。所以在經濟學中，人在做取捨的時候，並不是必然的。

17　打破貿易壁壘的 RCEP
——香港中文大學經濟系副教授莊太量

區域全面經濟伙伴協定（簡稱 RCEP）是全球最大的自由貿易區，成員國包括中日韓、澳洲、新西蘭以及東盟十國等合共十五個國家。香港中文大學經濟系副教授莊太量與 107 動力召集人何民傑在節目中，大談 RCEP 對打破貿易壁壘的重要性，以及香港如何從中受惠。

莊	何
香港中文大學 經濟系副教授	107 動力 召集人
莊太量	何民傑

何：今天請到一位重量級嘉賓，就是莊太量教授。最近莊教授也在不同的大學舉辦講座，而該主題就是「RCEP」。那「RCEP」是什麼？

莊：「RCEP」，就是「區域全面經濟伙伴協定」，是由東盟十國發起，再加中國、日本、韓國、澳洲、紐西蘭等五國共同參加，共計十五個國家所構成的高級自由貿易協定。此協議也向其他外部經濟體開放，比如中亞、南亞及大洋洲其他國家。RCEP 旨在通過削減關稅及非關稅壁壘，建立統一市場的自由貿易協定。

「意大利粉效應」消失

何：現在國家與國家之間的貿易協議有一種叫做「意大利粉效應」，
就是那些「同盟」就像吃意大利粉般，進食前捲了起來，成了
一個複雜的景象，例如你有一件貨品想運到韓國又運到日本，
那些關口的協定非常繁複，現在這個 RCEP 的協定，就令這
個繁複的「意大利粉效應」完全消失。

莊：對啊，RCEP 的經濟除了體量大之外，其內在的條文其實也促
進了 RCEP 國家們的投資，其中有一項就是以一個原產地累
計的形式來計算，那麼其實有什麼重要性呢？因為台灣暫時還
不是 RCEP 的成員，譬如現在有一批手機，需要配上晶片，
那晶片應該在台灣還是南韓入口呢？當然是成員國之一的南
韓！

何：對啊，大家是同一條船就會增加他們之間的投資機會，那整個
供應和物流鏈就會在這十五個國家之中互惠互利，這十五個國
家是否要像歐盟的國家般一樣友好呢？

莊：那又不是！因為歐盟本身是一個共同體，他們是用同一種貨幣
和他們之間就像「一個國家」。歐盟之間的貿易佔總體百分之
六十，是比較多的，而東盟之間其實只佔百分之二十，而這個
趨勢或現象近這十年也是差不多的，為什麼東盟要跟外界做貿
易呢？因為東盟本身不是一個已成熟發展的地區，所以他們也
是以低端製造業或者農業為主。因為地形接近的關係，大家所
出產的產品相似，替代性強，所以東盟其實是一個大市場。

何：東盟是涵蓋東南亞國家經濟貿易協定的組織，成員均為東南亞
的國家。東南亞國家之間貿易的替代性比較強，不像德國法國
做的產業那麼不一樣。

莊：東盟相比起歐洲的發展速度更快，主要有兩個原因，首先是歐洲存在人口老化的問題，人口愈來愈少，但是東盟國家人口眾多，主要做些勞動力密集的工業，有人口穩定增長的優勢，過去十年的人口平均增長值有百分之五甚至百分之十。

何：對香港來説，有哪些地方可以受惠？

莊：香港大部分出口都是轉口。如果簽署了 RCEP 的話，中國和東盟的貿易量可能會上升，有部分需要香港去處理，所以香港作為轉口港也會受惠。

何：普通市民其實不是太理解，如果 RCEP 簡化了國與國之間貿易服務的限制，會有什麼好處？

莊：我們首先要從香港是個沒有關稅的市場這個概念出發，因為世界上好多地區都有高關稅，例如美國便高達百分之三十，所以做貿易的時候要交很多稅。

何：最明顯的例子就是韓國反對外國牛肉進入韓國市場。

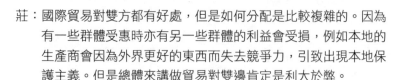

貿易對雙邊利大於弊

莊：國際貿易對雙方都有好處，但是如何分配是比較複雜的。因為有一些群體受惠時亦有另一些群體的利益會受損，例如本地的生產商會因為外界更好的東西而失去競爭力，引致出現本地保護主義。但是總體來講做貿易對雙邊肯定是利大於弊。

何：所以國際貿易協定最終是利於降低交易成本的。

莊：是的，因為除了關稅還有非關稅壁壘。比如不是全世界都認可香港的大學，以及香港的保險業、地產代理業，這些都不是全世界都認可的。但如果開放之後，東盟承認了香港的保險業，那找工作的地區就多了選擇。

18　進軍越南零售市場致勝之道

——金源米業主席林炯熾

從事米業生意的本港著名品牌金源米業，近年大舉進軍越南的便利店零售市場。金源米業主席林炯熾與 107 動力召集人何民傑大談越南的營商環境及致勝之道。林炯熾亦分享，其數碼營銷策略，如何協助當地業務急速發展。

林	何
金源米業	107 動力
主席	召集人
林炯熾	何民傑

何：認識金源米業是因為從小到大都吃該品牌的米，原來金源米業近年不只做米的生意，還開拓了便利店零售業務。

林：我們大概在十年前開始經營便利店「Circle K」，由於做米生意，因而熟悉東南亞，去到越南之後，覺得越南戰爭過後，經濟愈來愈好，當地有一億人口，百分之六十都是三十五歲以下，我們認為既然經濟有如此發展，所以發展一樣以人為主，同時又可以做數十年的生意，然後發現當地沒有便利店，所以便開始經營便利店業務。

何：由十年前到今天，在越南開了多少間便利店？

目標開八千便利店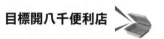

林：八年前只有約十二間，到 2021 年差不多有四百間，覆蓋河內和胡志明市等五個不同城市，我們希望 2022 年去到六百間店，四、五年後去到一千六百間，像泰國大概有七千四百萬人口，當中一個便利店品牌共有一萬二千間店舖，越南有一億人口，相信我們的便利店可以去到一萬二千間，但因為網購關係，不需要開設那麼多的店舖，差不多八千間就應該做得到。

何：一般香港人對便利店的印象只是買薯片和飲料，越南便利店和香港便利店的分別在哪？

林：越南便利店的面積大過香港，有幾層樓高，二十四小時有食物，連熱食也有，我們的便利店較香港摩登，因為越南的人口年輕很多，我們構造一個新現代化生活中心，例如賣鮮花和生活品味用品，這與香港不同，香港租金貴是做不到的。

何：剛才你提及經營模式比較摩登，如何體現？你所謂的「摩登」是指裝修，設計還是產品？

林：裝修、設計還有售賣的產品，這是很重要的。

何：我知道你有零售數碼化的概念，如何應用在便利店？

營銷以人為本　科技為主

林：我們以人為本，科技為主，當客人進入我們的便利店，公司的 AI 會記得每位顧客在什麼時候買了什麼東西，用了幾多錢，

79

有多少個小朋友，員工得到這些信息後，更可以了解每位顧客的需要，並作出適當的購物意見。我們還有會所俱樂部，用來儲存客人資訊，例如告訴某客人經過便利店門口，會自動送林咖啡給客人，這些東西積聚起來會變成龐大的資料庫。

何：現在香港對於私隱這課題很敏感，在越南，特別是年青人，對於私隱概念是怎樣的？

林：暫時未有很大反對聲音，因為覺得很方便，我們的資訊不會流出，只是方便顧客購物。

何：會否帶動增加營業額？

林：當明白客人的需要會相差很遠，我們是以人為本，好像在住宅地區，店員一定要知道顧客喜好，顧客亦和店員變了朋友。

何：就像老一代香港士多一樣，現在是由科技變回人情味。

簽署 RCEP 帶動越南經濟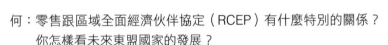

何：零售跟區域全面經濟伙伴協定（RCEP）有什麼特別的關係？你怎樣看未來東盟國家的發展？

林：RCEP 包括：東盟是十國，新加坡、馬來西亞、越南、印尼、泰國、柬埔寨等，再加上五個國家，澳洲、中國、韓國、日本和紐西蘭，這些國家合共佔了全球人口百分之三十，差不多二十五億。對越南來說，如果這個組織正式成立後，很多人會投資越南，越南有一億人口，當地人口年輕，知識水平高，IT 發展好好，這已足夠了。加上越南政府曾説過，如果簽了

RCEP，會將法律改進，從而保障投資商人的權利和知識產權。

何：就如你在越南做零售便利店，在 RCEP 下你想賣韓國泡菜，以前你在韓國買泡菜到越南要付幾重關稅，當 RCEP 執行後，入口韓國泡菜就會更便利和成本低很多。

林：入了 RCEP 後，越南經濟一定會提升，然後人民消費提高，我們可以受惠，工廠、基建方面也受惠，因為其他東盟國家雖然生產很多東西，但基建是不足夠的，RCEP 有助國家經濟發展迅速。

19 儒家「十德」治商之道
——香港孔教學院院長湯恩佳

由孔子創立的儒家思想，主張以仁、義、禮、智為基本範疇思想體系，教人做有道德修養的君子。孔教學院院長湯恩佳博士自幼尊孔，致力弘揚儒家思想，曾編寫《孔學論集》、《孔子讀本》及《論語聖經》等多本儒家著作。湯博士與 107 動力召集人何民傑在節目中分享，如何以儒治商。他認為待人至誠，信守有禮，在崗位上敬業樂業的人，才能在順境時扶搖直上；在逆境時安然無恙，在商場上屹立不倒。

湯	何
孔教學學院 院長	107 動力 召集人
湯恩佳	何民傑

何：湯恩佳博士半生秉持商界，自 1951 年創立染料公司後，被稱為「香港染料大王」，但退而不休。1992 年他接任孔教學院院長，身體力行傳揚儒家思想，你認為儒家思想如何助你經商？

湯：儒家以「十德」聞名。「十德」對營商者尤為重要。大部分香港富豪信奉不同的宗教，據了解當中不少是孔教，儒家精神很重，有些則信佛教。另外，每年我到印尼演講作宗教交流時，以孔（教）回（教）對話形式，主講孔子論，藉此認知到在印尼華人的商圈內，他們大都信奉孔教的。無論在香港，還是東南亞的富豪，不少都是憑着「十德」而致富。

何：儒家思想如何有利經商，既要論愛，又要論賺，兩者沒有衝突？

馳騁商場半生　弘揚儒家思想

湯：回想年幼時，祖母常以孔子道德論教導我，「仁者愛人」、「己所不欲，勿施於人」、「己欲立而立人，己欲達而達人」、「和而不同」令我終身銘記。到 1947 年，我離鄉到港謀生，將儒家理念，以「十德」實踐於個人事業，甚至日常生活中。回顧從商六十年，我未曾說謊，更與公司職員下協定，如我有謊言，公司秘書及總會計可以罰我錢，但至今未曾被罰過。

何：因為他們不知道你正說謊，所以沒有人拆穿？

湯：沒有，可以發誓。一旦說了，秘書會知道，總會計最清楚。

何：稅局應該會喜歡有儒家精神的企業，這是十德的「信」。

湯：對了。我以「十德」為做人宗旨，把「義、禮、信」靈活用於商業上。我是白手興家的企業家，在商場競爭中，我戰無不勝。我曾為了染出不脫色的牛仔褲，親自上門求競爭對手出售其粗粉類的染料。

何：剛才說到儒家「十德」，「信」於營商很重要，彼此重義守信，還有哪些儒家思想可以應用於經商方面呢？

十德的「信」是商道之本

湯：創業初期，我寧可艱苦奮鬥，也不會搶舊僱主生意。余錦基父親余伯玖生前既是染料大王，也曾是我老闆，但彼此不會視對方為競爭對手。由 1951 年成立公司，到八十年代，我經歷香港廠商北移時代，令我覺得與內地人經商，若有款項應收而未收到，要控告內地企業違約大多不會成功，就算真有僥倖，也不能收回應收帳項。因此，之後我主力做建築工程，興建項目包括福樂街佳成大廈，中環士丹利街佳德商大廈。

何：香港經濟經歷過不同的起跌，你如何渡過難關？

湯：我記得上世紀五十年代韓戰時，全球出現擠提，聯合國八國聯軍打韓戰，那時經濟環境最為艱苦。工廠又只能接到零星生意，但我一如以往的勤奮，以孔子儒家為信仰，為個人奮鬥，為社會作出貢獻，遂將困難一一克服。

防疫措施過於強硬

何：現時疫情，令各行各業叫苦連天，你有沒有一些說話可以和大家分享？

湯：我認為香港政府在防疫措施上，有時過於強硬。以飲食業來說，酒樓一間比一間靜，酒樓內竟然沒有人，真悲哀。我建議餐飲業可設兩人一枱，營業時間至晚上十時。其實防疫措施可適度放寬，當疫情再爆發時才收緊，令業界有生意可做。

何：如何將儒家「十德」的「禮」應用於日常生活中？

湯：我到大浪灣看一個豪宅樓盤，業主已放盤五六年，都未能成功
　　售出。那時我下車一看，恍如置身於《雪姑七友》的城堡，我
　　即場向業主表達對這單位的鍾愛，也不怕對方坐地起價。誰知
　　業主竟然自動將單位售價下調二十萬，至一千三百八十萬成
　　交。

何：今日這幢樓已升值不少了。

20　調高煙草稅助控煙的迷思
——香港大學經濟及工商管理學院講師阮穎嫻

為了鼓勵煙民戒煙，特區政府透過不同途徑去控煙，調高煙草稅率便是其中一個方法。香港大學經濟及工商管理學院講師阮穎嫻及107動力召集人何民傑在節目暢談近期社會熱話：煙草稅。阮穎嫻認為增加煙草稅，未能為庫房帶來更多收益，反而鼓吹吸煙者找尋近似的替代品。

阮	何
香港大學經濟及 工商管理學院講師	107動力 召集人
阮穎嫻	何民傑

何：以經濟學角度而言，若調高煙草稅率會帶來什麼影響？

阮：當經濟環境轉差，政府必須想辦法開源節流，增加稅收就是開源之一，包括建議開徵銷售稅、資產增值稅、企業稅、奢侈品稅等，但此等稅收只為市場帶來衝擊，而加煙草稅是容易增加稅收的方法之一。有團體建議調高煙草稅率至百分之一百，既可減少煙民數目，又可減輕醫療成本，但事實卻未必如此。

何：假設你到外地旅遊，餐飲要付酒稅，你會選擇暢飲嗎？

阮：在所有不變的情況下，高稅率可以令市民減輕對吸煙的欲望，但也視乎有沒有替代品。以往，香港分別在2009、2011及2014年加煙草稅，而在2009年及2011年的加幅較多，分別

為百分之五十及百分之四十二。當時，大家預計大幅增加煙草稅後，市民應該會減少食煙。

何：大學研究數據中有否顯示，市民已減少吸煙？

調高煙稅庫房零裨益

阮：在 2009 年煙草稅調高後，正規渠道中的香煙銷售額錄得明顯跌幅，不過，同一時期非法銷售的數字卻大幅飆升。結果顯示，市民不是減少吸煙，而是尋找替代品。因為香煙有被依賴性，戒煙不能單靠加稅便成，要多管齊下，否則導致私煙流入市場。

何：市民不食正價煙，替代品竟是私煙，政府該算是好心做壞事。

阮：一包香港完稅香煙，售價約為美金七元五毛，內地則是美金三元，越南只需約美金一元二毛，不法商人偷運私煙便能賺取很多。

何：非法集團營運走私業務，影響了政府庫房收入。

阮：在 2009 年，煙稅雖加了百分之五十，但庫房收入沒有因此而增加，乃是私煙影響所致。若將私煙的應課稅值計入，庫房的確收少了很多。

私煙假煙佔三成市場

何：根據大學研究顯示，本港私煙情況嚴重？

阮：研究其中以抽完煙的包裝作統計，正牌煙、冒牌煙和私煙分別有多少？結果發現，香港市場佔有率中，三成屬私煙或假煙。

何：調高煙草稅後，庫房屬零收益，還要海關設專人處理案件。

阮：其實只要提高煙稅，代表政府收取每支煙的稅率增加。只不過就算政府將煙稅調高至百分之一百，煙稅原本已收取的六十億，不會因此而多收六十億，因為總有人選擇買私煙，減少吸正牌煙。

何：煙草稅對貧窮人士是否不公呢？

阮：煙草稅對於有錢人影響不大。相反，貧窮人士視香煙為必需品，在收入減少情況下，很多人為了買煙而節衣縮食。部分人甚至將收到的團體善款，部分用作買煙，吸煙對他們來說較急需解決。他們只會着重於眼前的事，香煙加價，若要繼續吸煙唯有買假煙，生產過程不受監管，消費者不知道假煙的成分，這個經濟情況下，煙草稅絕對是不公平。

何：政府曾試過大力增加煙稅，那香港仍有多少煙民？

阮：由 2009 年起，吸煙人數由百分之十一輕微下降至百分之十，煙民可能只減少十分一，政府卻為此推出多項控煙措施，而市場上仍因有近似的替代品，令煙民戒煙成效未見顯著。

何：香港只有一成煙民，在亞太地區來說，數字屬偏低？

阮：是的，香港在控煙方面已做得不錯。

港生北上升學的前景及困難

——一國兩制青年論壇創辦人兼主席何建宗

本港一直有不少學生往內地升學，近年有上升趨勢。一國兩制青年論壇創辦人兼主席何建宗對這批港生畢業後的前景甚為關注，除提供一系列的就業及升學資訊服務外，同時於 2019 年制訂了全港首個大灣區畢業港生工資指數，以了解港生在內地發展的工資走勢。何建宗認為，港生在內地就業或會遇上適應等問題，但機遇處處，發展潛力相當大。

宗	何
一國兩制青年論壇 創辦人兼主席	107 動力 召集人
何建宗	何民傑

何：今日我們想討論內地港生情況。何建宗創辦的智庫一國兩制青年論壇過往亦曾進行過不少相關研究。

宗：一國兩制青年論壇於 2017 年成立，特色是由香港和內地的年輕學者、專業人士組成，智庫過往做過不少研究，例如基本法和大灣區等。我們在 2017 年已進行了首個研究，了解港人在內地讀書就業所面對的問題，2019 年我們亦進行了內地港生畢業後的去向研究。現在於內地讀書的香港人約有一萬六千人，每年約新增四千人北上升學，香港八大的資助學額約一萬五千人，可見北上讀書的比例其實不小。

何：即除了本地升學外，祖國成為本港學生最大的升學地點。

每年四千港生北上升學

宗：好明顯佔相當大的比例，而且增長速度非常之快。因為 2012 年推出一個重要的政策——免試收生計劃，即手持 DSE 成績，便可以同時報讀香港及內地院校，不像以往要特別考一個試才能回內地讀書。

何：內地高考競爭同樣好激烈，本港學生考進內地知名的學府會否相對容易？

宗：事實上是有優惠，雖然畢業的標準是一致，但本港學生考進內地學府是明顯較以往容易，亦可以給機會本港學生體驗內地生活。

何：其中一個經濟學概念為信息不對稱，有時我們需掌握一定資訊才可作正確決定。內地港生在讀書或就業時有否面對信息不對稱的情況？

宗：港生在內地大學畢業，不外乎繼續在內地就業，或回香港發展，我們的研究發現，比例約一半半。信息不對稱面對的問題，是同學畢業後希望回港找工作。他們沒有太多就業資訊，怎樣克服這個問題呢？我們智庫便有一個項目名為「內地港澳青年學生之家」，可提供一些支援服務，在香港及廣州均設有辦事處，我們的工作便是將香港的就業資訊收集起來，再傳送到內地，讓有興趣的同學可以申請，克服資訊不對稱的問題。除了就業資訊外，升學資訊也相當重要。部分港生在內地取得學士學位後，希望在香港取得一個碩士學位以方便來港就業，但相關資料在內地亦不太多，我們設有一個網絡，可以多方面協助他們。

近半港生選擇留內地發展

何：港人到內地讀書，畢業後會否繼續留在內地工作？

宗：港人在內地大學畢業後希望於內地發展，多數會在內地攻讀碩士學位，因為內地人視碩士為標準配置，即沒有一個碩士學位，不容易在內地找到一份理想的職業。目前內地每年有七百至八百萬名大學本科生畢業，若沒有手持碩士學位，競爭將很困難。

內地升學多選中醫科

何：本港學生到內地升學大多修讀哪些學系？

宗：我們研究發現，港人到內地升學，最多人選擇中醫科，因回港發展的阻礙最小，其次是法律、經濟和金融等，修讀理工科的學生比例反而較少。

何：政府近年不斷鼓勵本港年輕人到大灣區工作，在當地收入如何呢？會否低於香港？

宗：我們在 2019 年曾作相關研究，訪問在內地大學畢業零至五年的香港學生。他們約一半在香港工作，另一半在內地工作。留在內地工作，工資中位數是八千二百四十元人民幣，留在香港的則是一萬七千三百二十港元。計算過人民幣的匯率，港生在內地工作收入，為香港工作收入的百分之五十六。所以我們亦制訂了全港首個大灣區畢業港生工資指數為百分之五十六。雖然工資較少，但仍有不少港生願意留在內地工作，特別是希望創業的那一批，因為生存成本很低。

22 「有形之手」干預樓市禍多於福？

——堅策研究中心顧問劉培榮

政府近年推出多項「辣招」規管樓市，惟效果未如理想，堅策研究中心顧問劉培榮及 107 動力召集人何民傑均認為，政府這「有形之手」干擾市場運作，只會影響交投數量，難以壓抑樓價協助年輕人上車置業。兩人均認同，政府先行撤銷非住宅物業的雙倍印花稅，是踏出正確的第一步。

劉	何
堅策研究中心顧問	107 動力召集人
劉培榮	何民傑

何：特首林鄭月娥在 2020 年的施政報告中提出，撤銷商舖的雙倍印花稅，政府今次撤辣招，是什麼原因呢？

劉：在疫情之下，市民對非住宅物業的需求出現下跌，政府可能因而有這決定。

何：銅鑼灣和尖沙咀等旅遊區不時發現有空置舖位，過往是不常見的。

劉：所謂「舖王」、「地王」，在過去一段時間，租金及售價確是下跌了不少。政府過往為控制樓價，不斷透過徵稅，即用行政措施影響供求。因為要多付稅項，市民置業意欲降低。政府一徵稅，便出現有形之手，干擾市場運作。

何：非住宅物業其實和市民大眾息息相關，這包括車位、寫字樓和工廈。有形之手一鬆，可讓市場自我調節，價格可以在市場上真正反映。

劉：撤銷雙倍印花稅之後，可以令非住宅物業市場有所起色。商人希望購入物業作生意擴充或作投資收租，一定不會是首置，過往做生意的朋友都是受害人。

何：非住宅物業過往大多以公司名義購買，用公司持有一定要支付雙倍印花稅，以後非住宅物業可以繼續由公司持有，不用多付稅項。有人擔心會不會因此炒高樓價？

劉：投資者購入非住宅物業，希望能做多些生意。樓價主要視乎需求問題，甚少人購入物業後會囤積居奇。

何：目前情況和 2003 年沙士時期有什麼分別？

劉：自 2003 年沙士之後，因為國家大力支持香港的發展，不論自由行及其他政策的配合，香港經濟自身的免疫力較以往強壯。到現在本港雖受疫情影響，個別行業受到一定衝擊，但住宅物業價格，以至非住宅物業價格抗跌能力比較強。但若繼續施行雙倍印花稅，就沒有辦法令市場活躍起來，行政長官的撤辣舉措，是值得支持。

辣招只影響交投數量

何：在沙士前數年，樓價已出現下跌，但香港在 2020 年新冠肺炎疫情出現前數年，樓價一直向上升，所以整個價格周期完全不相同。目前撤辣招只是將價格交回市場，將有形之手抽起，不

會再懲罰買賣雙方。辣招不會阻礙物業的價格上落，只會影響成交的數量。大家買了舖之後，再不考慮出售，因為一賣便付出交易成本，辣招只能發揮這些功能。政府撤回有形之手，令市場回復正常。

劉：住宅物業近年成交亦減少，因為目前仍然有雙倍印花稅，但物業價格仍站穩住腳，業主等待一個好的價錢才沽出。政府的有形之手若能在住宅物業市場上鬆一鬆，價格未必有好大影響，但交投一定有所上升。

經濟午饗

需 火彈 性 通膨 真服

條 失業率 消費物價指數 印花 加息 GDP

富殊 樓市 辣招 通脹 龍斷 印花物

求彈性 形之手 手 通貨貝 消費

貿 失業率 消弗國險

第一章　二｜人｜對｜談

01　增加股票印花稅為蠢蛋條款？

財政司司長陳茂波於 2021 年二月下旬發表新一份財政預算案，當中最大的爭議為大幅增加股票印花稅、派發電子消費券等，紀惠集團行政總裁湯文亮與 107 動力召集人何民傑在節目中，點評財爺新一份預算案各項爭議措施，其中湯文亮更形容增加股票印花稅為蠢蛋條款，又指預算案為土地供應拉開了潘多拉的盒子。

湯	何
紀惠集團 行政總裁	107 動力 召集人
湯文亮	何民傑

何：今日要講財政預算案，湯博士，你給予多少分數？

湯：今次財政預算案有不少餘波，預算案未公布前有三類人士最為緊張，第一是基層市民，想了解派多少糖；第二是做生意，想知道政府怎樣幫助；第三是地產界，希望政府減辣。不過，最後爆出個冷門，加股票印花稅，令不少證券界人士憂心。個人認為，一個緊縮的財政預算案，較推行一個寬鬆的財政預算案容易。

何：緊縮即是政府用少些錢。

湯：太多錢，政府反而不懂得處理。不是每個政府都好像澳門，背後有個賭場補貼，我覺得基層方面勉強過關。地產界的印花稅令好多人失望，我和很多業界人士，都看地產市道會升，最大

原因是通關之後，好多國內人士會來香港買樓。2020 年即使疫情，樓價只是下跌零點幾百分點，根本不算下跌。今次財政預算案有個缺口，我稱之為潘多拉盒子，單位供應量可能爆發。一向以來，政府規劃好的土地，很難更改用途。不過，今次就好輕描淡寫改變，例如啟德的商業土地，因為流標而轉為住宅土地，社會亦未見有太大反對聲音。香港還有不少工業用地，這些土地未來可能會有變化。

發展局局長黃偉綸表明全方位找地，全方位應該包括郊野公園，在西方國家很多時將堆填區修復後，發展為郊野公園，過一段時間再興建樓宇。在西方國家眼中，郊野公園等於土地儲備，並非完全不能改變用途。以前香港政府經常強調不能碰郊野公園，但不少評論指出，只要拿本港百分之一的土地建屋，足夠七十萬人居住，為何政府要捨近圖遠呢？

郊野公園是土地儲備？

何：香港人居住環境十分擠迫。本港只有幾個百分點的土地是作房屋發展。若將小部分的郊野公園土地建屋，將可解決不少市民的住屋問題。

湯：有土地供應，市民才可住得舒服些，同時可縮減市民輪候公屋的時間。

何：財政司司長陳茂波在預算案中又有新猷，一招是消費券，一招是失業貸款。湯博士有什麼意見？

財爺不懂得派錢？

湯：消費券分期派發，我覺得很麻煩，不應每月派一、二千，因為行政費用很重。消費券一次過給予市民，可讓他們決定怎樣利用。可能財爺並非來自大家族，所以不懂得派錢。

何：每個月給予一千，只是抵銷了原有的日常消費，對經濟未必有提振作用。

湯：好可能日常消費已經用光了，我想更換一副眼鏡，要三千元，那要等多久呢？市民一次過收了五千，那便可以先換眼鏡。派錢確是一門學問。

何：閱讀過湯博士的文章，為何點評增加股票印花稅是蠢蛋條款，這是什麼意思？

湯：證券界從來沒有想過會加印花稅，財爺加印花稅還要過立法會，立法會不批便做不到。以前調高咪表車位收費，也曾出現類似情況。

何：回歸前，預算案曾提出加煙草稅，後來因立法局不支持，港督最終需要撤回加幅。

建制派非橡皮圖章？

湯：假若泛民主派仍在立法會，建制派便要護航，一定要讓它通過。但現在泛民主派不在立法會，建制派不希望被批評為橡皮圖章，或就增加股票印花稅提出反對。刀來劍往之後，可能加

不到。因為如果要加稅，就應該即時加。買賣樓宇印花稅都是即時執行。現時要講到八月一日才加印花稅，這是提供機會讓建制派反對。

何：香港當年分六年減股票印花稅，目的是希望稅率能和競爭對手新加坡看齊。政府當年千辛萬苦調低稅率，現在卻說要增加，確實有點那個？

湯：財爺指因財赤壓力而加股票印花稅，向賺錢的項目增加「抽水」，我覺得並不適當，就像一個家庭有五個兒子，其中一個兒子賺錢維持家庭開支，其他四個兒子不務正業，做父母要求賺錢最多的兒子交多些家用，那個兒子當然不順氣。

02　長實「大刁」新燈換舊燈

長實集團日前宣布，從李嘉誠基金會手上收購三項英國基建資產及一項歐洲基建資產，作價一百七十億元，將按每股五十一元向李嘉誠基金會發行三億三千三百萬股新股支付交易代價，同時以相同作價向市場回購相同數目股份。紀惠集團行政總裁湯文亮與 107 動力召集人何民傑在節目中形容這宗「大刁」為新燈換舊燈，單是三項英國基建項目，估值已達二百五十億元，荷蘭的項目恍如附送，長實今次購入「爸爸的禮物」可說是難以抗拒。

湯	何
紀惠集團 行政總裁	107 動力 召集人
湯文亮	何民傑

何：知道湯博士同誠哥（李嘉誠）都有交手。

湯：有人説我同誠哥對賭，我覺得不是，誠哥一直有賣樓。

何：人人都説很難贏到誠哥，有否擔心？

湯：説真的，我向誠哥購入中環中心，是好貨來，確是可遇不可求，不明白誠哥為何會出售。

何：最近有報道説中環中心租值跌了一成。

湯：租值下跌是有理由的，因為中環中心過往主要是由誠哥的承建

商、分公司租用，中環中心出售後，部分公司搬走了，空置單位自然增多，再加上疫情，令租金略為下調。我做業主，最重視的不是租金上升，而是客人可否負擔，生存下去。如果租金不斷上升，我們反而難做，好像外面尺租升至一百元，我很難以七十元租給客人，若外面尺租跌至七十元，我可以用七十元，甚至更低價錢租給租戶。

何：長實最近有個「大刁」成為城中熱話。長實宣布以一百七十億元向李嘉誠基金會購入一個大型基建組合，包括三個英國電、水、天然氣項目和一個荷蘭環保發電項目，究竟長實今次購入「爸爸的禮物」是否超值呢？

荷蘭項目等同附送

湯：我看了不少分析員文章，如果我寫標題的話會用上「新燈換舊燈」。三個英國、一個荷蘭的項目屬於新燈來，單是英國三個項目已價值二百五十億，這還未計算荷蘭項目，總價值一定超過二百五十億。李嘉誠基金會以一百七十億元賣出，當然相當優惠。基金會同時又回購長實的股票，共三億三千三百萬股，並且有溢價，可說是雙重享受，即是長實以平價購入資產，之後又以高價出售自己股票，可說是無可抗拒。

何：英國配電公司 Western Power Distribution 日前以 1.73 倍的監管資產價值（Regulatory Asset Value, RAV）被售予英國國家電力供應公司。若同樣以 1.73 倍 RAV 來算，李嘉誠基金會出售的三個基建項目，便估計值二百五十億元。還未計算荷蘭的環保發電項目。

湯：荷蘭的項目基本上是送的。現時是新燈換舊燈，視乎燈神是否
首肯。香港所有地產公司都出現一個問題，真正的資產淨值均
高於股票資產淨值，所以不少地產公司都考慮私有化，近日有
傳言指誠哥都有意將長實私有化，這並不驚奇，較早前胡應湘
的合和亦已私有化了。作為地產商，即使溢價百分之三十，相
信不少人也會願意。如果股民手持藍籌地產股，並有固定利息
派發，可以不用急於求售，持貨久一點，一旦公布私有化消
息，便可以等食糊，雖然不算是爆棚，但都算有三番。

藍籌地產股可續持

何：計算公用事業，不同國家都有不同管制，所以 RAV 的意思，就
有點像香港的利潤管制監管電力公司。所以當計算公用事業資
產時，不是只計算電網、多少發電廠等，還要計算政府規管後
的價值。除了長實之外，長建在英國有不少電能及水務設施，
以 RAV1.73 倍的計算，便等值一千億元，即每股四十二元八
毛。每股四十二元八毛之價值並未計入長建於英國的其他業
務，亦未計算長建分佈於澳洲、新西蘭、歐洲大陸、加拿大、
美國以至香港及中國內地的其他業務，亦即現時長建之股價可
謂明顯被低估。

湯：長實今次收購要經過股東會，靜待結果如何。

03

劏房租務管制好心做壞事？

本港房屋問題一直備受關注，不少市民愈住愈細，蝸居在劏房。政府早前委任的劏房租務管制研究工作小組早前發表報告書，提出設立劏房租約「2+2」標準租約年期，即首兩年業主不能加租，已住兩年的租客可優先續租，及設立加租幅度以百分之十五封頂。紀惠集團行政總裁湯文亮日前與 107 動力召集人何民傑在節目中均質疑小組成員不太熟悉租務市場，擔心劏房實施租管會變成好心做壞事。

湯	何
紀惠集團 行政總裁	107 動力 召集人
湯文亮	何民傑

何：先談談劏房問題。劏房租務管制研究工作小組最近提前發表了一個報告書。我覺得「劏房」這兩個字已經值得斟酌，劏房應怎樣去定義呢？

湯：我以前都住過，我在澳門長大，之後前往香港讀書，住的都是板間房，房東將三個房間分租，幫補收入。其實劏房過去都幫助了不少人，若不是有劏房，相信不少人要露宿街頭。

何：界定劏房都困難，若說是面積細，不少酒店房間都好細小，部分酒店甚至在疫情下將房間變成月租，部分租金還較劏房低。

湯：住劏房的人確是肉隨砧板上，業主要收多少租便要交多少租，這個小組突然出個報告，但兩年容許加租百分之十五明顯是太高。

何：報告提出租約要簽兩年死約，兩年後加租不能多於百分之十五，這是坊間最熱門的討論。

湯：我覺得小組對租務市場不太熟悉。因為好少租務個案兩年之後可以加租百分之十五，即使百分之十亦很少，因為利息低，租金難以大升。現在給了人錯覺，政府容許加租百分之十五，業主自然會加到最盡。我聽到不少業界人士說要多謝政府，這個報告真是不做好過做。

何：以前有租管的年代，我曾閱讀張五常教授的文章，指他寫了三十年文章才能廢除租管，每一任港督來港便表達這看法，講了近三十年才可取消租管。為何今日要走回頭路？劏房實施租管，是否好心做壞事呢？日後租務設限制，業主不會將劏房租予經濟條件較差的人士，例如退休人士、新移民或單親媽媽等。有好多外國自由經濟的相關研究，在美國不同州份有類似的租務管制，愈嚴格的地方，表面條件較差的人愈難進入租務市場，部分人更要搬往其他州份居住。

條件差市民難租屋

湯：好像由美國紐約搬到新澤西。

何：低下階層愈難在大城市租到房子，愈難向上流動，因為去大城市工作的交通等成本非常高。

湯：其實政府要解決問題，最重要是增加房屋供應。當年我們做收租，也有實施租務管制，但只針對豪宅，洋人租住你的單位，不願搬走也沒有辦法。業主最多只是仲裁，判租金值多少錢，在三十年前租務最暢旺的時候，加租上限亦只是百分之十五，但當時息口超過百分之十。

何：不能否定，部分市民在困難的時間要暫時居住劏房。我認識有些街坊在天水圍有間公屋，但為了方便工作，在市區租了一個劏房居住，到放假才回天水圍。不是有些人所說，住劏房便是可憐。有些租住灣仔劏房的人士，部分是打銀行工，租住原因主要方便工作或到酒吧消遣。不少人有特殊需要，而在市中心租地方居住。對劏房租務管制愈來愈辣，只會令供應愈來愈少。

湯：最可憐的應是住在偏遠地區的劏房，要花很長時間上班下班，還要住在很小的空間，所以政府一定要增加房屋供應。

何：大家可以上網下載工作小組的諮詢文件，多發表意見。

04

李嘉誠的捐錢經濟學

本港大學的科研成就絕不低於其他西方國家，如 2007 年獲富商李嘉誠捐款成立的中大李嘉誠健康科學研究所，已成為區內生物醫學研究的旗艦，李嘉誠及其基金會近日再捐助三千萬港元，優化研究所中的實驗室空間。紀惠集團行政總裁湯文亮與 107 動力召集人何民傑在節目中，大談商界的支持，對大學科研的重要性。

湯	何
紀惠集團	107 動力
行政總裁	召集人
湯文亮	何民傑

何：預防疫情最重要是注射疫苗，九十二歲的富豪李嘉誠早前亦在李嘉誠基金會 Facebook 專頁打卡，身體力行接種疫苗。

湯：李嘉誠願意發聲，效果確是相差很遠。好多人罵香港政府，其實和其他國家相比，香港的防疫工作做得不差，染疫人數並不是太多。但染疫人數少可能有反效果，市民不太願意接種疫苗。

何：就像內地，因為當地疫情早已受控，所以接種疫苗的進度比較慢。

湯：內地和香港一樣慢，但國內的行政措施可以強硬些，強迫市民接種，不接種疫苗不能上班。

何：圍着香港的五個重點城市，被指令要全民接種疫苗，可能是怕了香港。科技及醫學的研究都很重要，才可解決人類的長遠健康問題。李嘉誠名下的基金會日前便捐了三千萬予中大李嘉誠健康科學研究所，擴展相關實驗室。李嘉誠並提到，生命科學相當重要，為了人類的未來健康，很值得投資。湯博士過去也捐了不少錢支持慈善項目。

捐錢作善事　首選教育

湯：我過去確實捐了不少錢作慈善用途，但自 2019 年社會運動後，不少朋友捐錢都較以往謹慎。做大學校長都很可憐，要負責跑數。

何：所以李嘉誠基金會今次有帶頭作用，提醒大家大學的科研設施需要提升，希望社會各界都能幫手。

湯：各間大學仍有不少儲備，希望過一兩年，大家釋懷了，便會繼續捐錢。幫助老人、貧苦大眾應是政府的責任；支持大學的研發，應由商界及私人去幫助。我過往捐錢，首選亦是學校。

何：辦學的成本確實不便宜，學習需要用到不少科技儀器，都要有不少投資。

何：談談另一話題，我們普通市民買賣樓宇多數要找地產代理，近年多了市民以手機程式來做買賣。不論如何都要付佣金，以前市道較好時，不時要和經紀拗佣。

湯：如果只購買一個物業，都可以跟經紀談談佣金，之後可能都不會再見他們。但我們就不太敢，因為往後的租務、買賣都是靠

他們，所以會給他們原先協定的佣金，很多時還是有多無小。有時希望急放租或急賣，甚至會付多一些佣金。

何：政府定了個標準出來，這個最低標準，隨時變了最高標準，所以只能給予最基本的服務。

地產代理佣金不宜減

湯：最基本服務就是物業，能否推介一個適合的物業。有時會發覺購入十二樓某個單位用上一千萬。兩星期後，另一人購入二十二樓相同面積的單位，卻只用上九百八十萬，當然感到氣結。地產代理希望先完成較差的單位，高層自然較容易推銷。

何：可能明明資料庫有個比較好的盤，卻先銷售一個較差的盤。

湯：手機買賣的單位多數是公開盤，公開盤大家可以在網上找到。半夜不時收到朋友傳來的所謂「筍盤」，要盡快決定。付足佣金給代理，可說是最基本的要求，地產代理的行業人數太多，共有四萬多個從業員。支付一個佣金，不時要和其他人瓜分，上至老闆、下至跟進同事，代理分到的數目也未必是最多。

05

借錢的古今哲學

新冠肺炎疫情肆虐，本港失業率持續高企，部分市民可能面對短時間經濟困難，要向身邊的親朋好友借錢度日。紀惠集團行政總裁湯文亮與 107 動力召集人何民傑在電台節目中大談古今有關借錢的故事。面對朋友開口借錢，又應如何處理呢？

湯	何
紀惠集團 行政總裁	107 動力 召集人
湯文亮	何民傑

湯：過去一星期有朋友問我，有什麼方法可以不借錢給別人，但又能保持友誼。所以一定要了解借錢人的心態，就是不想給其他人知道。問人借錢的人在借錢之後，有時還會恐嚇債主，千萬不要和其他人説，否則會影響他的信譽，即是影響日後還錢給閣下的情況。近日有個富豪欠債個案，債權人多達七十個。

何：這七十個債主，可能都不知道對方曾借錢給這個人？

湯：有很大可能，到最後做債務重組時可能就會知。我都試過遇上這些問題，其中一個應對方法是要求對方制訂一個還款時間表，例如將債務連本帶利分十二期，每個月還一期，十二個月全部還清，但這可能會衍生另一個問題。借貸人首三個月準時還款，但之後又再次向你借款，對方好像很有信譽，是否應該再借給他，同時會否出現愈借愈多的問題呢？訂下還款時間表後，應決絕地不再借款，那就不同。這是其中一個方法，但不

是最好的。另一個方法是找一個雙方都認識的朋友做見證。我試過被人詢問借錢，當時較為吝嗇的我便用上這招，對方聽完之後覺得麻煩及沒有臉子，最後就沒有借了。

借錢前可找第三者作見證

何：借錢給人都是一種學問。

湯：清朝雍正皇帝有個猛將，名為年羹堯，經常東征西討，他的正職其實是幫雍正追回皇室的爛數。年羹堯部隊最出名的武器是血滴子，若對方不還債，首級也要被取去。所以如果你沒有實力，不要隨便借錢給別人。

何：古書《戰國策》同樣有個典故，戰國四公子之一的孟嘗君，可說是中國首個高利貸，他借了不少錢予故鄉鄉紳，之後他找食客馮諼幫忙追債。但馮諼只是和債仔飲飲食食，最後在醉醺醺之下，着債仔將手上的借據拿出來，有能力還款的可選擇還，沒能力的便將借據燒掉。孟嘗君得悉後當然很憤怒。馮諼之後回應説，「孟嘗君着我去討債，家中沒有可帶回來，孟嘗君欠缺的正是人民的信譽，反正債仔們也沒能力還款。」

湯：這真是高招，還可以罵老闆。

何：孟嘗君其後被人設計陷害，不能再當宰相，只得馮諼陪他到鄉下避難。當地鄉民即時劏雞殺鴨，熱情款待孟嘗君，並支持他東山再起。想不到借錢，中國都有好多故事。

借錢容易　追債困難

湯：常言道：「有借有還上等人」，但借錢給人很容易，追債就很
　　困難。有說借錢就預了對方不還，但這又不對，若有這考慮便
　　寧願不借吧。可能現代人對借錢的人已失去信心，故財務公司
　　多了不少生意。

06　如何賺盡出售公屋

政府早年推出租者置其屋計劃，讓公屋居民以低價購入自住的單位，榮升業主。紀惠集團行政總裁湯文亮與 107 動力召集人何民傑在節目中大談相關計劃的利弊。湯文亮更建議公屋業主應盡早補地價，以賺盡政府的優惠。

湯	何
紀惠集團 行政總裁	107 動力 召集人
湯文亮	何民傑

何：今日先談論政府的出售公屋政策。

湯：我認為政府出售公屋是錯誤的房屋政策，原意是希望公屋居民能成為業主，但部分居民不善理財而變賣公屋，最終成為劏房住戶，甚至露宿街頭。有朋友向政府購入公屋，我第一時間建議他盡快補地價，假設當時房署以十多萬賣給你，補地價的金額不會太多。早前有一位八十歲的婆婆，以二百萬賣了以前六萬八千元購入的公屋單位，但要補地價一百萬元，實收一百萬元，如果早年以十多萬補地價，今日便不用補一百萬元，所以愈早補地價將會愈平。

何：一般人認為補地價會蝕底，但提早補地價實際可提高增值的獲利。

湯：不少人覺得，是否補地價都可以住在相同面積的地方，補地價

是否很愚笨，但實際不是，愈早補地價反而可以賺盡政府的優惠。

何：其實公屋業主都被政府愚弄了一下，業主出售單位要補地價，但管理費要代政府繳交，大廈的維修保養，亦要業主負責。

湯：都是，現時公屋一般售價是四、五百萬，補地價往往要用上二、三百萬，確實是賺少了很多。面對政府政策，一定要見招拆招，既然政府這麼大方，沒理由不用盡優惠。

何：再談另一題目，大灣區有不少發展機會，不少年輕人有意到大灣區工作。

去大灣區不如往山區工作

湯：我有個世姪女於清華大學經濟系畢業，大灣區有不少工作機會，起薪最少一萬八千元人民幣，但她都一一拒絕，反而去了山區教書，希望汲取經驗。我都主張年輕人到山區工作，山區位處偏遠，一直相對較為貧窮，但中國山區就如塑膠廠水口料，若一間塑膠廠對水口料不加以利用，隨時可由賺變虧。山區若搞得好，中國能夠進入小康，否則會為國家帶來隱憂。

何：世姪女可説是犧牲？

湯：我的心態是年輕人喜歡做什麼，長輩盡量支持他們的決定。逆他們意，只會令工作不開心。事實上，去山區工作比讀一個碩士還要好，中國政府以及一些大企業，願意給曾經去過山區工作的年輕人更多機會。

何：年青人的出路主要靠他們觀察和尋覓。

07　台灣抗疫只靠團結？

隨着疫苗在全球大規模接種，新冠肺炎疫情於 2021 年五月開始緩和，相反台灣疫情卻突然出現爆發，連續多日破百宗確診個案。紀惠集團行政總裁湯文亮及 107 動力召集人何民傑在節目中分析台灣疫情失控的原因。湯文亮亦點出，台灣當局抗疫除了要求民眾團結之外，似乎未有其他有效板斧。

湯	何
紀惠集團 行政總裁	107 動力 召集人
湯文亮	何民傑

何：台灣疫情好像失控，單日確診數字高達四、五百宗。

湯：台灣突然間爆發，可能積聚了很久，過往未有報出來。台灣用字相當有水準，用上「校正回歸」這字眼，「校正回歸」嚴格來說都是確診，只是過往的確診數字，現在其他地方也在嘲笑台灣，這確是一件大事。

何：網上有不少傳言指台灣政府隱瞞數字，但官方已作出否認有成千上萬的人逝世。無可否認，當地醫療系統壓力很大。

湯：我都擔心，台灣不像其他國家早有準備。當地沒有興建方艙醫院，認為這是大陸的抗疫方法。其實不用稱之為方艙醫院，叫作抗疫中心也可以，只是名稱問題。

何：台北市市長柯文哲便徵用酒店作方艙，但效果當然不太理想，房間沒有閉路電視，監察病人的醫護人手自然也要增加。

台灣疫苗轉贈他國

湯：台灣抗疫只得兩個字，就是「團結」。即是台灣總統蔡英文說什麼，民眾就要信什麼。我覺得台灣的損失確實很大，他們原本有機會到世衛擔任觀察員，但全球疫情接近尾聲時卻出現爆發。抗疫最重要是「圍堵追蹤」，但原來台灣沒有篩檢。台灣更大的問題是沒有疫苗，相反香港出現疫苗過剩。

何：台灣爆疫對香港來說是一個警號，要居安思危。

湯：部分香港市民不願接種疫苗，其中一個藉口是台灣沒有大規模接種，感染率仍然很低。當然台灣人現在感到後悔，當地初期只得三十萬劑疫苗，但醫護人手已達三十萬，疫苗數量嚴重不足，現在要以高價購買。台灣其實購入很多疫苗，只是他們將疫苗轉贈給中南美洲的邦交國，台灣當地反而出現疫苗不足的情況。

何：我在一月寫專欄時已提出全民大抽獎，送樓送車鼓勵市民接種疫苗，香港特區政府沒有採用，但美國的俄亥俄州推行疫苗百萬彩，每星期送出一百萬美金，才一星期，接種疫苗率即時提高百分之五十三。美國其他州份亦跟隨舉辦大抽獎。泰國清邁府還有趣，接種疫苗的市民有機會獲贈一隻小牛。

倡大抽獎增接種率

湯：為鼓勵民眾注射疫苗，世界各地可謂各出奇謀。

何：過往有不少港人希望移民台灣，不知道他們現在還敢不敢去？

湯：港人移民台灣確是相當奇怪，台灣的生活水平比香港低，而且除了台北市比較繁華之外，其他地方相對落後。台灣的薪酬亦很低，大學畢業生只有約兩萬台幣薪金，即約六千港元，港人移居當地，收入會直線下跌。當地生活節奏很慢，港人亦未必習慣。

何：到台灣旅遊是相當不錯，但要在當地長住謀生確要多些考慮。

《燕詩》表達進化論？

「樑上有雙燕，翩翩雄與雌」，唐代詩人白居易的《燕詩》相信不少港人在學時都曾讀過。紀惠集團行政總裁湯文亮及 107 動力召集人何民傑談及本港移民潮時也特別提及此詩。湯文亮更認為，《燕詩》是表達進化論，正如子女移民，父母沒必要跟隨。

湯	何
紀惠集團 行政總裁	107 動力 召集人
湯文亮	何民傑

何：湯博士，今日説説移民，你近日寫了一篇文章，引用古文「樑上有雙燕」，這有什麼意思？

湯：近日有一則新聞，一對老夫婦埋怨女兒帶同孫子移民，剩下他們兩老在香港。我有部分朋友亦遇上這情況，但他們寧願不跟隨子女移民，因移民他國，除了照顧孫子，也不知道有什麼可做。大家應該都讀過這首《燕詩》，「樑上有雙燕，翩翩雄與雌」，這首詩其實是提及進化論，好多人認為，子女要孝順，要對父母好。我則有不同意見，個個都説要反哺，將食物全交予父母，子女則沒人理，沒有食物而白白餓食，那便沒有進化了。

何：正所謂「老豆養仔，仔養仔」。

湯：我覺得沒有問題，年輕時我不敢將這些説話講出來，擔心其他

人批評自己不孝順，不理會父母。我現在年紀大可以夠膽說，我不用子女孝順，對自己子女好已經足夠。這亦是解決年輕人問題的其中一個方法，要關心他們，一定要用資源幫助他們。上一輩反而可以花費很少便能過日子，真是日日經濟午餐。

長者三餐易解決

何：部分連鎖快餐店，都給予長者優惠，輕易解決一餐。

湯：我有朋友不陪同子女移民，因為知道子女不太希望和父母同住，故寧願自己先說出來。實際上很多老一輩都不願意移民，選擇繼續留在香港，至少子女日後不適應移民生活，回流香港也有地方居住。反而移民外國，當子女大學畢業結婚另組家庭後，自己則沒有辦法回流香港，可能要自己客死異鄉。

何：若自己的父母能一同移民，其實也相當重要，即使你如何富有，在外地聘請工人並不容易。

湯：若父母願意一同移民，當然理想，但父母不願意，也沒有辦法。大家有時間，也可以念一念《燕詩》。最好的孝順是對自己子女好些。

何：現在科技進步，好多東西都免費，只要有一部智能手機，大西洋也可以連接。移了民，也可以不時致電父母問候。

湯：和以前不同，我年輕時在外國讀書，長途電話費用非常昂貴。過往我八月上機，到翌年五月才有機會再見父母。

內地客喜買港樓

何：再談另一個話題，湯博士在資產配置上，有沒有車位呢？

湯：我老闆以前是有名的「車位天后」，最高峰是有四千個車位，現在也有近一千個。

何：是否購買物業時一併購入車位？

湯：部分是，也有購入整個停車場。

何：近日出現天價車位，有商人以三千六百五十五萬購入山頂豪宅三個車位。

湯：車位出現天價，最重要的因素是位置。他先買了兩個住宅物業，再購入三個車位。因為是幾億元的山頂豪宅單位，車位沒可能只是值二百萬元，這完全不合比例。除此之外，車位可以很值錢，一千萬元一個是超值。如果發展商將車位的地方再改作住宅，可以賺得更多。而且車位往往是最理想的位置。最關鍵是不少內地人願意買樓投資自住。自美國對中國企業實施制裁後，內地人都不太敢到美國投資，擔心自己的資產某天會被凍結。

何：中國 GPD 是全球第二，只要有百分之一的人能富起來，願意來香港買樓投資，這就不得了。

09　貿易戰促成美國超級通脹？

美國聯儲局議息會議後大幅提高 2021 年的通脹預期，並提前了下一次加息的時間框架，預計美國首次加息時間提前到 2023 年。紀惠集團行政總裁湯文亮及 107 動力召集人何民傑均認為，美國提前加息對全球經濟造成衝擊。湯文亮更認為，美國前總統特朗普向中國開打貿易戰，是形成美國通脹急升的原因。

湯	何
紀惠集團	107 動力
行政總裁	召集人
湯文亮	何民傑

何：首先講講環球經濟狀況，香港有聯繫匯率，港元與美元掛鈎，聯儲局加息、減息都直接影響香港經濟。

湯：聯儲局的決定影響全世界，美國為何會放消息加息，主要原因是美元弱，希望美元穩定的方法就是加息，或說「加息」，只是說說也有作用。

何：早前放消息 2023 年底可能加息半厘，導致美股連跌五日。

湯：美國國債太重，如果加息，對國家都有影響，所以最好只是說「加息」而不做，令美元稍為穩定，但這世界沒有兩全其美。其實美國已經做得好好，但前總統特朗普做錯了一件事，就是向中國開打貿易戰。向中國貨品加關稅百分之二十五，中國生產商無力負擔，要入口商承擔部分稅項，「羊毛出自羊身

上」，出現通脹情況。美國政府的國策是吸引工業回流國內，正如鴻海科技集團創辦人郭台銘所說，美國生產成本較內地生產高出六倍，隨時出現超級通脹。

何：拜登沒有放棄這個路線，其中一個經濟大計是工業回歸，他常常認為，武漢做到的事情，為何美國匹茲堡做不到。

美工業回流　增加通脹

湯：每一間工廠，都要有周邊的配套廠，要有足夠的物料供應廠，否則很難做得好。鏍絲、彈弓，打個電話便可送來。若沒有這些配套廠便搬回美國，這就大件事。美國人做生意相當精明，太精明的人不會做生產，不懂得開廠。

何：通脹確是猛如虎，等同資產打折扣，就像伊朗，通脹達百分之五十，所以近日伊朗選舉，選民透過選票表達不滿。經濟衰退，大蕭條便開始出現。

湯：美國物價大幅上升，可能導致經濟衰退，市民沒有購買力。實際上美國將生產線搬到中國，就很難再回頭了。最恐怖是物價年年升，落單的價錢年年跌，但中國企業仍可以接到單，中國企業懂得節省。

中國較能抵禦貿易戰

何：他們搬到更偏遠，人工成本更低的地方，仍可以生產到鏍絲。

湯：中國勝在人口多。

何：抵禦貿易戰，中國人的確勝於美國人。因為美國人習慣享受，相反中國人習慣刻苦。接下來再討論樓市，見到湯博士在專欄建議政府不要減辣，為何有這意見？

湯：這是時間性問題，2019 年香港樓市受到社運及疫情影響，樓價雖然跌幅輕微，不過，成交量非常之低，地產界希望政府減辣，可以刺激成交量。最後政府沒有理會，相信除非能確保有足夠的供應量，否則政府不敢隨意減辣。

何：政府都有聽取的，車位、商業樓宇也有減辣。

湯：但作用不是太大。

何：政府常推說害怕樓價大升，遲遲不願撤辣，實際上商業樓宇樓價沒有大升。

湯：今時不同往日，現在樓宇成交量相當理想，如果政府減辣，甚至取消所有印花稅，業主一定會大幅加價，買家又未必有能力或者願意追價，成交量就會下跌，目前最理想是不要減辣，維持現狀。話說回頭，幸好政府 2020 年沒有聽從業界要求減辣，否則現在樓價上升，又會被市民指責太快減辣，既得利益者就袋袋平安。

疫情記者會應每日開？

隨着本港疫情緩和，特區政府在沒有源頭不明本地個案的日子，都不會再召開疫情記者會。紀惠集團行政總裁湯文亮及 107 動力召集人何民傑在節目上再探討各地疫情，湯文亮更建議，政府應每日召開疫情記者會，多發放正面信息，齊心抗疫。

湯	何
紀惠集團 行政總裁	107 動力 召集人
湯文亮	何民傑

何：今日先講講疫情。

湯：現在接種疫苗的人數開始上升，公務員事務局局長聶德權預計最終會有七成接種率，我認為這不是空想，有機會達到。

何：局長都相當樂觀，目前接種率只有三成多。

湯：現在機場及大公司都要求員工接種疫苗。再者，若不接種疫苗，將難以前往其他國家。既然如此，不如打針。以前有些謠言指打針後會出現副作用，事實上打針後出現不適而需送院的比例相當少。

七成接種率有機會達到

何：我有朋友打完第一針後可能心理作用，覺得心跳得很快，即時到急症室求醫，而急症室覺得她沒需要住院，觀察了一段時間便讓她離開。

湯：政府應每日公布本港疫苗的接種率，以及世界排名。目前美國的接種率很高，確診數字亦因此大幅下降。

何：世界對處理疫情有兩種模式，英美模式是當疫苗達到某個接種比率就解禁，將所有防疫措施放寬，但同時預計疫情不會消失，不追求清零，只希望打針後減低重症出現。另一個是中國模式，一發現有確診即時採取圍封，務求達到清零，代價是防疫措施要加強，減少對外聯繫。

湯：兩個模式都有相同之處，就是要求民眾打針。若香港人不願打針，政府出的招數將會愈來愈辣。所以疫情記者會每日都要召開，交代打針人數、出院人數和留醫人數，多談正面資訊，以鼓勵市民打針。

何：現時政府用於檢測的開支，每月已經過億。

湯：這都是好事，可趁目前經濟環境不太好時，製造多些就業機會。

何：談談另一話題，湯博士在全港擁有不少物業出租，你最害怕什麼呢？

業主最怕租客自殺

湯：當然是最害怕租客自尋短見。因為單位若出現命案，物業價值將立即下跌。

何：多數在住宅發生，寫字樓都有出現，但相當罕見。

湯：豪宅亦很少發生命案，遇到困難可以向下遊，大屋搬小屋。走上絕路，多數是感情問題。

何：不是金錢可以解決。

湯：業主最怕這事情，較常出現在一些細價或劏房單位。疫情之下，很多基層市民手停口停，部分劏房居民解決不到財政問題，看不開會考慮燒炭輕生。

何：大埔剛發生不幸事件，都遇上類似情況。人生遇上什麼難題，首要是冷靜一下。社會上有很多服務機構，例如明愛的向晴軒，都可提供協助。

湯：最重要是冷靜。香港的安全網唯一詬病是公屋輪候時間過長，若這方面能夠解決，可說是接近完美了。

經濟午餐

作　　　　者：湯文亮、何民傑

助理出版經理：周詩韵

責 任 編 輯：陳珈悠

美 術 設 計：仁桀

出　　　　版：明文出版社

發　　　行：明報出版社有限公司
　　　　　　香港柴灣嘉業街 18 號
　　　　　　明報工業中心 A 座 15 樓

電　　　話：2595 3215

傳　　　真：2898 2646

網　　　址：http://books.mingpao.com/

電 子 郵 箱：mpp@mingpao.com

版　　　次：二〇二二年一月初版

I　S　B　N：978-988-8525-73-7

承　　　印：美雅印刷製本有限公司

©版權所有　·　翻印必究

本書之內容僅代表作者個人觀點及意見,並不代表本出版社的立場。本出版社已力求所刊載內容準確,惟該等內容只供參考,本出版社不能擔保或保證內容全部正確或詳盡,並且不會就任何因本書而引致或所涉及的損失或損害承擔任何法律責任。